Rapport sur
l'homophobie
2018

SOS homophobie
14 rue Abel
75012 Paris

Directeur de la publication
Joël Deumier, président de SOS homophobie

Directeurs de la rédaction
Joël Deumier
David Raynaud

Rédaction
Alexandre Antolin
Alexis B.
Sophie Boisson
Francine Bonnaud
Benoît Carroue
Michel Combes-Rey
Clément Demeure
Stéphane Esquerre
Jérémy Falédam
Noëlie Florio
Sébastien G.
Yohan Gutowski
Frédéric Jacquet
Joce Le Breton
Morgan Sébastien Leroy
Michel Magniez
Félicie Reby
Maëva Soudrille
Loïc Tanguy
Floriane Varieras

Correction
Juliette Raffier

Maquette
Marty de Montereau

Couverture
Jérémy Guetté et Jérémy Falédam

Impression
La Source d'Or
14 rue Robert Lemoy
63100 Clermont-Ferrand

Distribution-diffusion
KTM éditions
15 rue Claude-Tillier
75012 Paris

Vous êtes victime ou témoin de discriminations homophobes, biphobes ou transphobes par votre entourage, sur votre lieu de travail, dans un lieu public…

Vous êtes victime ou témoin d'insultes, de violences ou de menaces homophobes, biphobes ou transphobes

Vous avez besoin d'être écouté-e, vous recherchez des informations, vous vous posez des questions…

Appelez ou témoignez
Ligne d'écoute anonyme

du Lundi au Vendredi   18 h - 22 h
Samedi   14 h - 16 h
Dimanche   18 h - 20 h

(hors jours fériés)

Ou sur sos-homophobie.org/temoigner

ou Chat' sur notre site www. sos- homophobie. org
tous les jeudis   21 h - 22 h 30
et dimanche   18 h - 19 h 30

Témoigner, c'est agir
Adhérer, c'est agir

Adhésion possible en ligne sur notre site
(paiement sécurisé par CB)

Vous souhaitez devenir bénévole
Contactez-nous : nousrejoindre@ sos- homophobie. org

À Franck Le Saux-Troubetzky

Sommaire

Éditorial 7
L'association SOS homophobie 9
Définitions 11
Comment est réalisé le Rapport
sur l'homophobie ? 15

ANALYSES ET TÉMOIGNAGES 16

Synthèse générale 16

Contextes transversaux :
Agressions physiques 22
Lesbophobie 28
Gayphobie 36
Biphobie 42
Transphobie 46

Commerces et services 50
Famille-Entourage proche 54
Internet 60
Justice-Police-Gendarmerie 68
Lieux publics 72
Mal de vivre 78
Médias-Communication 84
Milieu scolaire-Enseignement supérieur 90
Politique 98
Religions 104
Santé-Médecine 110
Sport 116
Travail 122
Voisinage 128
International 134

Un regard sur… :
La diversité des familles 142
Les LGBTphobies en outre-mer 148
Les LGBTphobies chez les seniors 158

ANNEXES

Le droit français face à l'homophobie 163
Remerciements 166

Hommage à Pierre Bergé

Le 8 septembre 2017, nous apprenions avec une profonde tristesse la mort de Pierre Bergé, militant historique du mouvement LGBT, fondateur du Sidaction, du magazine Têtu, et soutien de plusieurs associations, telles que Act Up ou SOS homophobie.

Pierre Bergé a oeuvré pour l'avancée des droits des LGBT et pour leurs libertés. En 2013, il s'engageait en faveur du mariage pour tous et toutes et apportait son soutien à la Garde des Sceaux Christiane Taubira, alors violemment attaquée.

Tout au long de sa vie, Pierre Bergé a assumé son orientation sexuelle. Jamais il ne l'a occultée, malgré le niveau élevé de l'homophobie. En cela, il peut être un exemple d'engagement pour nous toutes et tous. Son mariage récent est un pied de nez aux conservatismes de tous bords contre lesquels il se sera battu toute sa vie.

Depuis plusieurs années, Pierre Bergé soutenait SOS homophobie en participant au financement du présent Rapport sur l'homophobie, seule publication qui mesure l'évolution de l'homophobie et de la transphobie en France depuis 22 ans.

Pierre Bergé a été une figure de la lutte contre le sida et les préjugés qui entourent la maladie. Ses positionnements contre la sérophobie, notamment à la présidence de Sidaction, dès 1996, à une époque où les personnes LGBT étaient particulièrement stigmatisées, est la marque de son courage.

L'engagement public de personnalités comme Pierre Bergé est infiniment précieux pour le mouvement LGBT. Au delà de la visibilité qu'il apporte à nos combats, il a fait progresser nos idées et nos réflexion au service d'une société plus ouverte, plus inclusive, que nous souhaitons construire.

C'est la mémoire d'un mécène, d'un militant, d'un Membre d'honneur, et Ami de SOS homophobie que nous tenons à saluer.

Édito

En 2017, 4,8 % de témoignages de LGBTphobies de plus, une seconde année de hausse, + 15 % d'agressions physiques : notre inquiétude est grande face à une homophobie et une transphobie qui ne cessent de progresser. Si les victimes sont aujourd'hui de plus en plus nombreuses à témoigner, les manifestations de lesbophobie, gayphobie, biphobie et transphobie se multiplient.

Les dernières semaines ont ainsi été marquées par une recrudescence d'agressions LGBTphobes. Un couple de jeunes lesbiennes agressé et insulté dans un train de banlieue, entre Pontoise et Conflans-Sainte-Honorine ; un couple d'homosexuels injurié et menacé de mort dans un supermarché de Rueil-Malmaison ; des personnes trans frappées à Paris par une *« brigade anti trav »*. Chacun de ces faits nous rappelle la difficulté des personnes lesbiennes, gays, bi·e·s et trans à vivre librement leur orientation sexuelle et/ou leur identité de genre.

Comment aujourd'hui ne pas craindre de vivre et d'aimer dans une société où la différence est synonyme de moqueries, d'insultes, de coups et de violence ? Comment ne pas craindre de vivre dans une société dans laquelle les couples de femmes et d'hommes ne peuvent pas librement s'embrasser ? Comment ne pas craindre de vivre dans une société dans laquelle les personnes trans ne peuvent pas vivre librement leur identité de genre ?

Face à la haine anti-LGBT, SOS homophobie rappelle que toute forme de complaisance est coupable. Aucune tolérance n'est permise face à celles et ceux qui entretiennent la violence. Si SOS homophobie salue toutes les réactions et les initiatives prises par les pouvoirs publics au cours des derniers mois pour condamner et lutter contre l'homophobie et la transphobie, notre association déplore encore parfois des doutes et des hésitations, des paroles malheureuses et blessantes. Gardons à l'esprit que la lutte contre toutes les formes de discrimination exige une Union sacrée qui ne tolère aucun compromis.

Dans quelques mois, nous espérons que le Parlement votera l'extension de la procréation médicalement assistée (PMA). La société française est prête et l'approuve majoritairement. Face aux LGBTphobies, la conquête des droits et libertés des personnes LGBT est essentielle. Elle offre aux personnes lesbiennes, gays, bi·e·s et trans une juste égalité qui, trop longtemps, a été niée. Elle les place sous la protection de lois nécessaires pour elles, eux et leurs familles. D'autres combats resteront à mener, notamment et dans les meilleurs délais la mise en œuvre réellement simplifiée du changement d'état civil pour les personnes trans.

Ensemble, menons nos combats et nos luttes contre les LGBTphobies, en faveur des personnes lesbiennes, gays, bi·e·s et trans, et, plus largement, pour la construction d'une société inclusive et ouverte à toutes et tous.

Joël Deumier, président
Véronique Godet, vice-Présidente

L'association
SOS homophobie

SOUTENIR
les victimes d'actes homophobes

Écouter
Une ligne téléphonique animée par des bénévoles formé-e-s recueille les témoignages et apporte aux victimes attention, réconfort et pistes de solution dans le plus strict anonymat. Les coordonnées de structures ou de personnes aux compétences spécifiques (associations locales, avocat-e-s…) peuvent être communiquées.

Répondre
Les courriels et témoignages déposés sur notre site Internet bénéficient d'un suivi attentif et leurs auteurs reçoivent une réponse.

Soutenir et accompagner
Sous certaines conditions, et à la demande de l'appelant-e, l'anonymat peut être levé pour un soutien personnalisé. Si nécessaire, l'association peut intervenir concrètement auprès des victimes qui sollicitent son appui : lettres de soutien, accompagnements, interpellations d'employeurs, de voisins ou autres personnes commettant des actes homophobes.

Agir en justice
L'association SOS homophobie, ayant plus de cinq ans d'existence, est habilitée à se porter partie civile auprès de victimes d'actes homophobes.

PRÉVENIR
l'homophobie

Intervenir en milieu scolaire
L'association propose des rencontres-débats aux élèves des collèges et lycées, animées par des bénévoles formé-e-s. Objectif : la déconstruction des stéréotypes et des idées reçues qui forment le terreau de l'homophobie, particulièrement à l'école. Pour ces actions, SOS homophobie est agréée au niveau national par le ministère de l'Éducation nationale ainsi que par les trois académies de l'Île-de-France.

Former les professionnel-le-s
La formation pour adultes sensibilise les professionnel-le-s des domaines de l'éducation, de la santé, du sanitaire et social, de la justice, de la police, de la gendarmerie, les différents acteurs sociaux (syndicats, associations…) ainsi

que les entreprises à la prise en compte des phénomènes de discrimination homophobe.

D'une façon plus générale, il s'agit d'inciter à réfléchir sur les clichés, la banalisation de l'injure homophobe, les préjugés, les stéréotypes, et ainsi d'intégrer la lutte contre les discriminations homophobes aux différentes pratiques professionnelles.

Informer les adolescent-e-s

Offrir aux adolescent-e-s LGBT un soutien spécifique par l'entremise du site en ligne C'est comme ça (http://www.cestcommeca.net) : il met à disposition de nombreuses informations, des témoignages, des ressources culturelles, etc., et permet des réactions personnalisées dans des situations scolaires ou familiales difficiles (en écrivant à temoignage@sos-homophobie.org).

Intervenir sur les lieux de drague

Dans les lieux de drague en plein air fréquentés par des homosexuels, des interventions de trois à quatre bénévoles de l'association permettent d'informer les hommes qui fréquentent ces espaces des possibles dangers et sur la conduite à tenir en cas d'agression. Des outils de prévention sont distribués.

MILITER
pour l'égalité des droits

Recenser et analyser

Chaque année le Rapport sur l'homophobie compile l'ensemble des témoignages reçus par l'association et analyse l'actualité LGBT des douze mois écoulés et son traitement par les médias. Au travers de nombreuses thématiques (famille, travail, lesbophobie…), la publication qui en résulte offre sans complaisance une vision détaillée de l'homophobie en France et demeure le seul outil d'analyse quantitative et qualitative pour en mesurer l'évolution.

Manifester

Chaque année, SOS homophobie participe à diverses manifestations : Journée internationale de lutte contre l'homophobie, Marches des fiertés, Printemps des associations, Solidays et autres salons associatifs ou institutionnels. Elle coorganise également des soirées de promotion et de soutien de l'association.

Lutter contre la lesbophobie

La commission lesbophobie conforte la diversité de l'association dans sa composition et ses actions. Elle lutte contre les discriminations et les manifestations de rejet spécifiques faites aux lesbiennes en prenant part à la création de supports d'information et de communication (Enquête sur la lesbophobie en 2008, micro-trottoir en 2009, etc.) et en participant à des tables rondes, débats, manifestations et animations.

Lutter contre la transphobie

Le groupe transphobie a pour mission de lutter contre les discriminations et les formes de rejet spécifiques faites aux trans.

Traquer l'homophobie sur Internet

SOS homophobie compte un groupe de suivi, retrait et prévention des propos homophobes sur Internet (forum, blog, etc.).

Prendre position

SOS homophobie intervient auprès des pouvoirs publics français et européens, du Défenseur des droits, des médias pour porter notre combat pour l'égalité des droits quelles que soient l'orientation sexuelle et l'identité sexuelle et de genre.

Définitions
Les LGBTphobies, qu'est-ce que c'est ?

Le terme **homophobie**, apparu dans les années 1970, vient de « homo », abréviation de « homosexuel », et de « phobie », du grec *phobos* qui signifie « crainte ». Il désigne les manifestations de mépris, rejet, et haine envers des personnes, des pratiques ou des représentations homosexuelles ou supposées l'être. Ce n'est pas une construction étymologique puisque « homo » ne renvoie pas au radical grec.

Est ainsi homophobe toute organisation ou individu rejetant l'homosexualité et les homosexuel-le-s, et ne leur reconnaissant pas les mêmes droits qu'aux hétérosexuel-le-s. L'homophobie est donc un rejet de la différence, au même titre que la xénophobie, le racisme, le sexisme, les discriminations sociales, liées aux croyances religieuses, aux handicaps, etc.

Une **discrimination** est une attitude, une action ou une loi qui visent à distinguer un groupe humain d'un autre à son désavantage. La lutte contre les discriminations est avant tout une démarche pour obtenir l'égalité en droit et en considération. Il ne s'agit pas d'obtenir des droits spécifiques ou des privilèges.

Le terme **lesbophobie**, apparu plus récemment, désigne les formes d'homophobie qui visent spécifiquement les lesbiennes. C'est une combinaison d'**homophobie** et de **sexisme**.

Le terme de **gayphobie**, lui aussi plus récent, désigne les formes d'homophobie qui visent spécifiquement les hommes homosexuels.

Les termes de **biphobie**, désignant les discriminations et les manifestations de rejet à l'encontre des bisexuel-le-s, et de **transphobie**, à l'encontre des trans, sont souvent confondus à tort avec celui d'homophobie.

L'abréviation **LGBT** signifie lesbiennes, gays, bisexuel-le-s et trans.

« Faire son **coming out** » signifie annoncer son homosexualité.

« **Outing** » signifie l'annonce de l'homosexualité de quelqu'un sans son accord.

L'**hétérocentrisme** est l'ensemble des représentations et des valeurs faisant de l'hétérosexualité la norme unique à suivre en matière de pratique sexuelle et de vie affective. Il peut inclure la présomption que chacun est hétérosexuel ou bien que l'attirance à l'égard de personnes de l'autre sexe est la seule norme et donc est supérieure.

L'hétérocentrisme fait référence aux privilèges des personnes hétérosexuelles aux dépens des gays, lesbiennes, et bisexuel-le-s.

L'homophobie, la biphobie, la transphobie, ça se manifeste comment ?

Dans leur forme la plus violente, l'homophobie, la biphobie et la transphobie s'expriment par des violences physiques et peuvent dégénérer, de la bousculade, du passage à tabac, jusqu'au viol et même au meurtre.

Dans une forme plus quotidienne, elles se traduisent par des réactions, avouées ou non, de rejet, d'exclusion : injures verbales ou écrites, moqueries, humiliations, harcèlement, refus de service, dégradations de biens et discriminations. Elles peuvent aussi se manifester par des formes de commisération, de dédain ou faire l'objet d'un tabou.

Elles se manifestent dans tous les domaines

de la vie : famille, ami-e-s, entourage, voisinage, travail, collège, lycée, vie quotidienne, commerces, services, administrations, lieux publics…

Depuis 2003 et 2004, la loi française punit plus sévèrement les agressions et les insultes lorsqu'elles sont motivées par l'homophobie. Depuis 2012 lorsqu'elles sont motivées par la transphobie. Elles sont tout aussi répréhensibles pénalement que les comportements racistes ou antisémites.

L'homophobie, la biphobie, la transphobie, quelles conséquences ?

L'homophobie, la biphobie et la transphobie peuvent avoir des conséquences psychologiques, physiques et sociales dramatiques pour les personnes qui en sont victimes.

D'un point de vue psychologique, les conséquences vont de la tristesse et du repli sur soi à l'inquiétude, l'angoisse, la dépression, voire à la tentative de suicide. Elles peuvent s'accompagner de différentes conduites à risque (alcool, drogues, rapports sexuels non protégés…).

Pour d'autres homosexuel-le-s, bi-e-s ou trans, l'homophobie, la biphobie ou la transphobie va au contraire susciter un sursaut de combativité qui les portera à affirmer leur orientation sexuelle, leur identité de genre et leur mode de vie.

D'un point de vue physique, les agressions peuvent engendrer de lourdes séquelles. Parfois même, les victimes n'y survivent pas[1].

D'un point de vue social, l'homophobie, la biphobie et la transphobie peuvent aussi avoir des conséquences importantes et difficiles à gérer pour les personnes qui en sont l'objet, et ce dans différents domaines :
- dans le monde du travail, l'homophobie et la transphobie se manifestent par le refus de promotion, la mise au placard, et parfois même le licenciement ;
- dans la vie quotidienne, déménager ou changer d'établissement scolaire sont parfois les seules solutions permettant de fuir un quotidien insupportable ;
- plus généralement dans la vie sociale, l'homophobie, la biphobie et la transphobie prennent la forme du rejet, de l'incompréhension, de la personne homosexuelle, bi ou trans.

Lutter contre l'homophobie, la biphobie et la transphobie, c'est…

En conclusion, outre un cadre législatif, encore insuffisant certes mais pour lequel SOS homophobie s'est battue car il permet aux victimes d'avoir un réel recours, notre association reste convaincue que la lutte contre l'homophobie, la biphobie et la transphobie passe par la mise en place d'une ambitieuse politique de prévention. Expliquer la diversité, rassurer, sensibiliser à l'acceptation des orientations sexuelles et identités de genre : autant d'objectifs que nous poursuivons dans notre lutte, au travers du travail de l'ensemble de nos commissions. Outils et dossiers de sensibilisation sont ainsi préparés et présentés autant que possible, partout où cela est nécessaire : milieu scolaire, auprès des policiers, dans divers contextes professionnels.

Enfin, pour que ces discriminations ne soient plus considérées comme négligeables, voire inexistantes, notre lutte passe aussi par la visibilité de la réalité des agressions homophobes, biphobes et transphobes aujourd'hui. Ce Rapport sur l'homophobie, qui existe depuis 1997, est pour nous un moyen d'en rendre compte, de mieux connaître l'homophobie, la biphobie et la transphobie, pour mieux les combattre.

---

[1] Voir le Rapport annuel sur l'homophobie 2008, p.30 : « Liste des meurtres dont la motivation homophobe est avérée (janvier 2002-janvier 2008) ».

Pour en savoir plus :
Daniel Borrillo, *L'Homophobie*, éd. PUF, collection Que sais-je ?, novembre 2001 ;
Louis-Georges Tin, *Dictionnaire de l'homophobie*, éd. PUF, mai 2003 ;

Commission lesbophobie de SOS homophobie, « Synthèse de l'enquête sur la lesbophobie », mai 2008 et « Enquête sur la visibilité des lesbiennes et la lesbophobie », mars 2015.

Comment est réalisé le
Rapport sur l'homophobie ?

Comme chaque année, le *Rapport sur l'homophobie 2018* a été constitué à partir de quatre sources :
- les témoignages reçus par l'association au cours de l'année 2017 (sur notre ligne d'écoute, par courrier, via un formulaire en ligne, par chat, ou lors de certains événements auxquels participe l'association) ;
- le travail des différents groupes et commissions de l'association ;
- le suivi de l'actualité de janvier 2017 à décembre 2017 ;
- l'analyse de la presse au cours de la même période.

Ce document n'est donc pas le recensement exhaustif de toutes les manifestations homophobes survenues en 2017, mais bien une vision de l'homophobie, de la biphobie et de la transphobie à travers les outils de l'association et son vécu de terrain. Les statistiques communiquées dans ce rapport sont uni-quement établies à partir des témoignages et demandes de soutien reçus par notre association. On sait qu'aujourd'hui encore de nombreuses victimes ne témoignent pas et passent sous silence les violences dont elles peuvent faire l'objet.

Depuis la précédente édition de ce rapport, SOS homophobie a souhaité accorder une page à des personnes physiques ou morales extérieures à l'association, sensibilisées à la problématique des LGBTphobies. La parole est ainsi donnée à des chercheurs-euses, des personnalités qui apportent des éléments d'analyse ou à d'autres associations qui offrent un regard croisé. Ces participations extérieures sont l'objet des encadrés intitulés « *La parole à...* ».

La combinaison de ces sources nous a permis d'alimenter vingt rubriques :
- quinze étudient les contextes dans lesquels se manifeste l'homophobie : commerces et services, famille-entourage proche, Internet, lieux publics, médias-communication, milieu scolaire-enseignement supérieur, police-gendarmerie-justice, politique, religions, santé-médecine, sport, travail, voisinage et international ;
- cinq sont des analyses transversales : agressions physiques, lesbophobie, gayphobie, biphobie, transphobie ; les témoignages concernant ces situations sont analysés également dans les contextes précisés ci-dessus.
- trois nouvelles rubriques intitulées « *Un regard sur...* » ont été créés cette année. Elles portent respectivement sur les manifestations des LGBTphobies dans les outre-mer, à l'égard des séniors et à l'encontre des familles homoparentales. La création de ces rubriques répond à la nécessité de faire le constat de la haine anti-LGBT, encore trop souvent méconnue et/ou niées dans ces trois domaines essentiels, afin de mieux lutter contre.

Ce rapport est entièrement rédigé par les bénévoles adhérent-e-s de l'association : les différences de style en font également la richesse.

Les prénoms utilisés dans ce rapport sont fictifs afin de préserver l'anonymat des victimes. Ils servent à faciliter la lecture des témoignages.

Synthèse des témoignages 2017
L'ancrage des LGBTphobies se confirme

En 2017, SOS homophobie a recueilli 1650 témoignages d'actes LGBTphobes, soit 4,8 % de plus qu'en 2016 (1575 témoignages). La tendance à la hausse du nombre de témoignages déjà constatée en 2016 (+19,5 %) se confirme cette année.

Après des hausses spectaculaires constatées en 2012 (+27 %) et 2013 (+78 %)*, si le niveau tend aujourd'hui à se rapprocher de celui des années précédant les débats sur le mariage pour tou·te·s, il se situe dans la fourchette haute.

En 2017, les 1650 témoignages recueillis représentent 1505 situations uniques, appelées « cas » dans notre rapport, qui font l'objet d'analyses statistiques présentées en chapitres. Les victimes de lesbophobie, gayphobie, biphobie et transphobie sont en effet parfois amenées à nous contacter plusieurs fois pour une même situation ou pour nous raconter son évolution. Une même situation peut également faire l'objet de signalements de la part de plusieurs témoins. Ces 1505 cas représentent une augmentation de 6,4 % par rapport à 2016 (où les témoignages correspondaient à 1415 cas).

L'augmentation générale du nombre de témoignages s'accompagne en 2017 d'une augmentation de 15 % du nombre d'agressions physiques LGBTphobes signalées à SOS homophobie par rapport à 2016.

Si les cas spécifiquement gayphobes augmentent de 30 % en 2017 (contre une augmentation de 15 % en 2016), il est important de noter que les cas spécifiquement biphobes explosent avec une augmentation de 154 %, et les cas spécifiquement transphobes augmentent, quant à eux, de 54 %.

Les cas spécifiquement lesbophobes connaissent cette année une diminution de 14 % par rapport à 2016.

Ainsi, il devient net que les personnes

* Ces hausses s'expliquaient à la fois par une libération de la parole homophobe, mais aussi par une libération de celle des victimes qui osaient davantage témoigner.

trans et bi·e·s hésitent de moins en moins à témoigner des actes transphobes et biphobes qu'elles subissent, et que ces deux formes de discrimination que sont la transphobie et la biphobie sont de plus en plus perçues et identifiées comme telles par les victimes. La tendance à la baisse constatée dans les témoignages d'actes lesbophobes illustre la persistance de l'invisibilité des personnes lesbiennes dans notre société, la parole des femmes lesbiennes restant moins libérée et moins entendue. Or, c'est par leurs récits que nous pouvons mieux comprendre et appréhender ces formes de rejet et de violence afin de mieux les combattre. Plus que jamais, rompre le silence participe à la lutte contre toutes les LGBTphobies.

Évolution du pourcentage du nombre de cas dans les principaux contextes

En 2017, 22 % des témoignages enregistrés par l'association relatent des cas de LGBTphobies qui ont eu lieu sur Internet. La Toile est depuis plusieurs années le principal théâtre des manifestations de LGBTphobies. Viennent ensuite les contextes Travail (11 %), Voisinage (11 %) et Famille (10 %).

Les cas d'homophobie et de transphobie dans la vie quotidienne restent en 2017 à un niveau élevé. Mis bout à bout, les contextes relatifs à la vie quotidienne représentent près de 55 % des cas signalés avec la répartition suivante : Lieux publics (11 %), Travail (11 %), Voisinage (11 %), Famille (10 %), Milieu scolaire (7 %) et Commerces et services (6 %).

Deux contextes connaissent une explosion du nombre de cas en 2017 : Voisinage (+84 %) et Milieu scolaire (+38 %).

L'augmentation des cas d'homophobie et de transphobie dans les relations de voisinage montre que la haine anti-LGBT ne se limite pas à la sphère publique. Leur ancrage dans la vie privée des personnes a de quoi alarmer dans la mesure où le domicile est censé être un lieu où l'on se sent en sécurité.

Le nombre de cas de LGBTphobies en Milieu scolaire (+38 %) est inquiétant. Il fait écho au fait qu'en 2018, « PD » reste l'insulte la plus prononcée dans les cours de récréation. Les jeunes LGBT ont entre 2 et 7 fois plus de risques d'effectuer une ou plusieurs tentatives

* Contextes ne dépassant pas 2 % : Justice-Gendarmerie-Police, Santé-Médecine, Religions, Sport, Politique
** Appels insultants ou demandes d'informations

de suicide au cours de leur vie que le reste de la population. Ces risques sont de 2 à 4 fois supérieurs pour les filles, et de 5 à 10 fois pour les garçons (INPES, 2014). Il est indispensable de continuer de prévenir l'homophobie et la transphobie dans les collèges et lycées. En 2016 et 2017, SOS homophobie a sensibilisé plus de 20 000 élèves à la lutte contre les LGBTphobies grâce à ses interventions en milieu scolaire (IMS).

La présence de l'homophobie et de la transphobie au Travail ne recule que très légèrement cette année avec une diminution d'un point des témoignages. Ce très faible recul illustre l'ancrage des violences faites aux personnes LGBT dans cet environnement quotidien important. 11 % des actes LGBTphobes recensés en 2017 par l'association concernent le travail. Ce chiffre, encore trop élevé, montre que la sensibilisation et la prévention sont nécessaires, à l'instar des interventions et formations pour adultes délivrées par SOS homophobie.

Trois contextes connaissent cette année une diminution du nombre de témoignages : Médias et Communication (-31 %), Famille (-30 %), Lieux publics (-17 %). Pour autant, la diminution du nombre de témoignages ne signifie pas nécessairement un recul des LGBTphobies. Les mécanismes sont complexes et il est essentiel de se référer aux chapitres spécifiques.

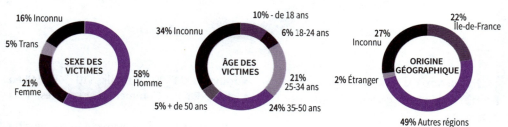

Typologie des cas recensés, Inconnus inclus

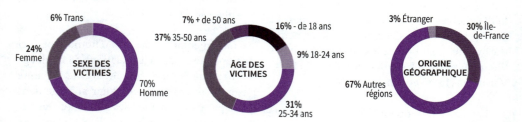

Typologie des cas recensés, Hors inconnus

Le profil des victimes cette année est comparable à celui de 2016. Il s'agit surtout d'hommes (58 %), les femmes ne représentant que 21 % des victimes. Les personnes trans victimes de LGBTphobies représentent 5 % des témoignages.

Concernant l'âge des victimes, 45 % ont entre 25 et 50 ans et 10 % sont encore mineures. Comme les années précédentes, le nombre de témoignages de femmes reste minoritaire et elles sont plus nombreuses à témoigner dans les contextes Famille (42 %) et Commerces et services (30 %).

Le nombre de témoignages de personnes

trans reste faible : 74 en 2017, soit 5 % des cas recensés. Il est possible qu'elles aient été plus nombreuses à contacter notre association, mais qu'elles ne se soient pas définies ou déclarées comme telles, notamment lors d'un signalement en ligne.

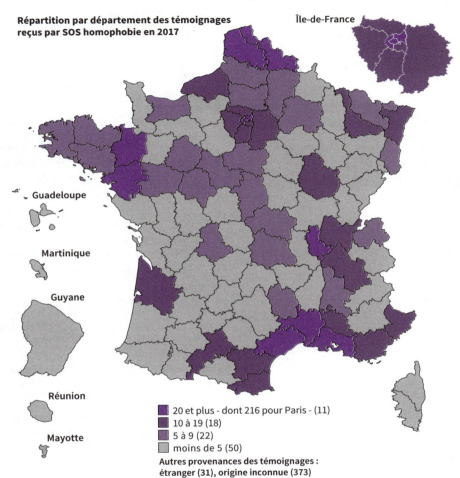

Nombre de témoignages reçus par département

Les départements pour lesquels nous avons reçu en 2017 plus de 20 témoignages sont, par ordre alphabétique : les Bouches-du-Rhône, le Gard, les Hauts-de-Seine, l'Hérault, l'Ille-et-Vilaine, la Loire-Atlantique, le Nord, Paris, le Pas-de-Calais, le Rhône et la Seine-Saint-Denis.

En termes géographiques (et selon l'ancienne division administrative), il est une fois de plus à noter la surreprésentation de l'Île-de-France dans nos témoignages (près du quart des témoignages), suivent les régions Nord-Pas-de-Calais, Languedoc-Roussillon, Rhône-Alpes, autant de régions comptant une importante agglomération.

Comme l'an dernier, une large partie des témoignages relate des cas d'insultes (52 %) et des manifestations de rejet et d'ignorance (62 %).

Les insultes sont très fréquentes dans les contextes Lieux publics (74 % des cas recensés dans ce contexte), Milieu scolaire (69 %) et Voisinage (86 %).

Les manifestations de rejet et d'ignorance, en légère hausse par rapport à l'année dernière, sont particulièrement importantes dans les contextes Travail (68 %), Internet (83 %), Milieu scolaire (73 %) et Famille (80 %).

Nous constatons également une forte augmentation des situations de rejet et d'ignorance, qui passent de 58 % en 2016 à 62 % en 2017, des insultes qui passent de 45 à 52 %, des discriminations qui passent de 29 à 34 %. Les menaces et le harcèlement son également en hausse, passant respectivement de 14 à 19 % et de 13 à 20 %.

Les cas d'agressions physiques restent stables (13 % des cas) et se produisent principalement dans les lieux publics (45 %) et dans les relations de voisinage (19 %).

Les cas de menaces et le chantage augmentent (19 % en 2017 contre 14 % des cas en 2016) et se produisent principalement dans le contexte Voisinage (46 % des cas) et sur Internet (14 %).

*insultes : propos à caractère injurieux ; rejet/ignorance : intègre les moqueries, brimades, appels à la haine, dénigrements et préjugés véhiculés sur les personnes LGBT ; diffamation : imputation d'un fait, par écrit ou oralement, à l'encontre d'une personne LGBT (ou des personnes LGBT en général), de nature à porter atteinte à sa (ou leur) dignité ; discrimination : traitement particulier des homosexuel·le·s, bisexuel·le·s ou trans par rapport aux personnes non LGBT ; harcèlement : situations où les agresseur·e·s agissent de façon répétée ; outing : révélation sans le consentement de la victime de son orientation sexuelle ou de son identité de genre.

Agressions physiques
L'enfer, c'est les autres

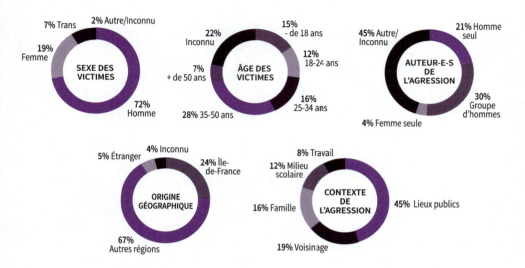

152 témoignages en 2017, correspondant à 139 cas, soit 9 % du total.

Après plusieurs années de baisse, les cas d'agressions physiques sont malheureusement de nouveau en augmentation : + 15 % (139 cas contre 121, l'an dernier). À la suite des débats sur le mariage pour tou·te·s en 2013, les violences contre les personnes LGBT avaient explosé. Depuis, le nombre de témoignages avait décru, avant de repartir à la hausse cette année. Les hommes sont toujours les principales victimes de ces agressions. Nous avons recueilli 100 témoignages de leur part, soit 72 % du total. Le nombre de personnes trans qui ont témoigné est plus faible, avec 10 cas, représentent 7 %.

Les lieux publics représentent le premier contexte dans lequel des agressions physiques ont lieu (45 % des cas). Fait majeur, le contexte voisinage remplace le contexte familial à la deuxième position, il passe de 10 % des cas rapportés en 2016 à 19 % en 2017. Dans

> Depuis plus de 10 ans, une agression LGBTphobe a lieu tous les trois jours

ces situations les violences à l'égard des personnes LGBT arrivent, de manière générale, après des tentatives de discussions ou de médiation qui n'aboutissent pas. Elles perturbent la vie quotidienne à la maison qui peut devenir un lieu d'angoisse. Cet état de fait est d'autant plus problématique lorsque des enfants sont victimes d'attaques. C'est le cas pour un couple de femmes dans le Nord, dont les enfants ont renoncé à jouer dans le jardin, par crainte des agressions verbales et parfois même physiques répétées d'une voisine lesbophobe.

La famille prend la troisième position, avec 16 % des cas. Les LGBTphobies sont encore trop présentes dans la cellule familiale, qui devrait pourtant représenter un environnement de soutien. Ces agressions vont du rejet à l'enlèvement de son propre enfant (voir focus).

> *« Elle a été battue presque à mort à cause de son orientation sexuelle »*

Un appelant nous a rapporté avoir été agressé par son ex-belle-famille, qui a également enlevé son compagnon afin de le *« ramener dans le droit chemin »*.

Cette année, nous avons aussi recueilli des témoignages venant de l'étranger. Provenant majoritairement d'Afrique, ils concernent des pays, tels le Bénin ou le Gabon, où, sans forcément de législation contre l'homosexualité, les LGBTphobies sont extrêmement fortes. Il faut souligner également un témoignage de tentative d'assassinat d'une femme lesbienne en Tchétchénie, apporté par un ami américain de la victime. Ces témoignages rapportant de telles violences sont particulièrement difficiles, car nous sommes souvent démuni·e·s pour venir en aide à ces victimes qui se trouvent hors de France.

Une personne trans sur laquelle on jette un verre de soda, l'agression d'un homme homosexuel par la famille de son conjoint suite au décès de ce dernier, ou encore une tentative d'assassinat sur un lieu de drague sont autant de cas de violences extrêmes que nous constatons cette année. Depuis plus de dix ans, un chiffre ne varie pas : tous les trois jours, une agression LGBTphobe a lieu en France. Des personnes sont encore persécutées pour leur orientation sexuelle ou leur identité de genre, réelle ou supposée.

SOS homophobie encourage les victimes à déposer plainte afin de faire reconnaître ces discriminations et à nous contacter pour garder une trace de ces violences. L'association a aussi un rôle actif dans l'aide aux victimes, grâce à sa ligne d'écoute anonyme et à son groupe de soutien qui accompagne les victimes dans leurs démarches juridiques. En 2017, ce sont 51 dossiers qui ont été suivis par ces bénévoles, dont 3 pour lesquels l'association s'est constituée partie civile aux côtés des victimes.

Une police à deux vitesses
Guillaume est un jeune homme vivant en Île-de-France qui se rend régulièrement dans les parcs en fin de journée. Un jour, en fin d'après-midi, il est pris à partie par six militaires de la Légion étrangère. Il les avait déjà croisés auparavant, s'était senti menacé par eux, mais n'en avait pas été victime. Cette fois, il est agressé sur place. Un militaire l'attrape à la gorge et le bloque sur un buisson. Il subit un contrôle d'identité violent, durant lequel il est traité de « tapette », de « tafiole ». Les militaires lui disent : « Vous êtes des animaux, des porcs, vous n'avez pas honte. » Guillaume, téléphone à la main, est sommé de le ranger, pour éviter qu'il puisse filmer la scène. Après 30 minutes, il ressort sonné de cette agression et se demande si c'est une bonne idée d'aller porter plainte. L'association l'encourage à le faire. Malheureusement sa plainte sera refusée par l'agent du commissariat. Guillaume est profondément révolté après cet événement violent.

Céline et Emilie, âgées d'une quarantaine d'années, vivent

avec leurs deux enfants dans un quartier résidentiel du Nord de la France. Dès leur emménagement, leur quotidien s'est transformé en véritable cauchemar car une de leurs voisines a adopté à leur égard un comportement agressif, violent. En effet, depuis près de deux ans, elles sont victimes d'insultes verbales et écrites, de vols, de dégradations, de violences physiques. Suite à ce harcèlement, elles ont pris contact avec la maison de la médiation qui leur a conseillé de porter plainte.

Quelque temps plus tard, alors qu'elles fixaient un claustra dans leur jardin, leur voisine a poussé violemment Céline, la faisant chuter et la blessant au coude. Puis, avec un tuyau d'arrosage, elle a aspergé les deux femmes ainsi que leurs enfants. Le couple a sollicité Police secours, qui n'est pas intervenue.

Céline, qui a eu une incapacité de travail de neuf jours, et Emilie sont très choquées. Leurs enfants, notamment leur petit garçon de quatre ans, ont très peur et refusent de jouer dans le jardin. Elles ont déposé quatre plaintes au commissariat mais la police considère qu'il s'agit d'un simple problème de voisinage et non de harcèlement homophobe. Une confrontation a été planifiée, elles appréhendent de se retrouver dans la même pièce que cette voisine. Elles ne souhaitent pourtant qu'une chose : pouvoir vivre leur vie tranquillement et ne plus avoir à rentrer chez elles la boule au ventre.

L'enfer à l'école

Corinne est une jeune fille mineure en situation de handicap. Lors de la récréation, dans l'établissement spécialisé où elle étudie, ses camarades lui demandent d'avoir une relation sexuelle avec sa copine. Corinne cède au chantage, est forcée de recommencer l'acte, sous le regard de ses camarades. Après ce viol, les camarades de Corinne lui présentent leurs excuses. Corinne nous fait part du fait qu'elle n'arrive pas à leur pardonner. Elle signale le viol à l'établissement, qui convoque les parents de ses camarades. Ces derniers sont renvoyé·e·s plusieurs semaines. Corinne décide de porter plainte au commissariat. Son ex-copine témoigne contre Corinne et l'affaire est classée sans suite. Six mois après cet épisode traumatisant, Corinne nous explique faire encore des cauchemars à cause de cette agression.

Marin est lycéen. Il nous explique que chaque jour il est brimé, insulté et frappé dans son établissement. Il n'ose pas parler aux adultes car il craint que les violences redoublent. L'écoutant·e l'invite à consulter son site Cestcommeca.net destiné aux adolescents et jeunes adultes afin que les répondant·e·s spécialisé·e·s puissent lui apporter un soutien, et l'incite à parler de la situation aux adultes qui l'entourent.

Gaëtan arrive un jour à son lycée et se fait cracher dessus et traiter de « PD » par un groupe d'élèves. Ils l'isolent dans un coin, lui frappent les fesses avec une règle, avant de le violer avec cet objet.

Violences familiales

Catherine a trente ans. Elle est en couple avec une femme et est mère de deux enfants. En 2013, grâce à l'aide d'ami·e·s, elle parvient à quitter son mari après de nombreuses années de violences, verbales et physiques, de séquestration et d'abus. Lorsqu'elle lui dit qu'elle éprouve des sentiments pour une femme, celui-ci la frappe violemment. Durant la procédure de divorce, Catherine se voit refuser la garde de ses enfants, puis réussit à la récupérer après avoir fait valoir les violences dont elle a été victime. Quatre ans plus tard, elle est à nouveau victime d'agression physique, d'insultes et de menaces de mort de la part de

Robert, la cinquantaine, est instructeur ULM et directeur de son entreprise dans l'Hérault. Il vit avec Kevin, qui a une vingtaine d'années et travaille en alternance dans sa société. Ils sont en couple depuis trois ans, la situation est connue de tou·te·s, excepté de la famille de Kevin qui pense que les deux hommes habitent ensemble dans le cadre du contrat d'alternance qui les lie. À un mois de la fin de ce contrat, Robert insiste pour que son compagnon fasse son coming out à ses parents. Kevin refuse dans un premier temps, car il a peur de la réaction de sa famille mormone, mais il finit par accepter.
Peu de temps après, la mère et le frère de Kevin arrivent sur la base ULM et passent Robert à tabac. Blessé et en état de choc, Robert se réfugie dans un hangar et parvient à appeler les secours. Pendant ce temps, Kevin est emmené de force par sa famille. Suite à cet enlèvement, Robert n'a plus de nouvelles de son compagnon. À l'arrivée des pompiers et des gendarmes, il refuse les soins, s'inquiétant davantage pour Kevin. Il se rend tout de même au commissariat pour porter plainte et signaler la disparition de Kevin, mais la plainte est refusée par les policiers. Comme Kevin est majeur et qu'il a été emmené par sa famille, la situation n'est pas considérée par les policiers comme inquiétante. Pourtant, après sa propre enquête auprès de l'établissement d'enseignement et des ami·e·s de Kevin, Robert constate que personne n'a eu de ses nouvelles. Robert craint que son compagnon subisse un *« lavage de cerveau »* dans sa famille mormone, voire une mise sous tutelle.

son ex-conjoint, accompagné de sa nouvelle femme, devant les enfants. Son mari lui dit : « Abandonne la garde des enfants, ils n'auront jamais une putain de gouine pour mère », ou encore « un jour je viendrai vous crever toi et ta copine, sale raclure ». Catherine n'ose pas présenter sa compagne à ses enfants, car elle craint pour leur vie, si leur père l'apprenait. Elle vit terrorisée en permanence, malgré ses quatre déménagements, qui n'ont pas empêché son mari de la retrouver. Elle soupçonne que le manque d'aide de la police serait dû à son orientation sexuelle.

Jeanne, jeune fille vivant en Normandie, nous contacte pour nous parler de Margaux, sa petite amie, mineure comme elle. Elle subit des violences de la part de ses parents, ces derniers n'acceptant pas son orientation sexuelle, ni le fait qu'elle sorte avec Jeanne. Ils lui interdisent de la voir, et si elle demande des explications, elle est frappée par son père. Jeanne est inquiète, car elle reçoit des appels de Margaux en pleurs suite aux violences physiques et morales que ses parents lui infligent.

Haine sans frontières
Max, citoyen américain, est très inquiet pour une amie tchétchène. Il nous explique qu'elle a presque été battue à mort à cause de son orientation sexuelle par des hommes de sa famille. Suite à l'agression, elle a été hospitalisée et a passé quatre jours dans le coma. Max a pu fournir à son amie et à sa sœur des billets d'avion pour fuir en Egypte. Cependant, la situation reste extrêmement critique pour son amie. Son état de santé est très fragile, les hommes de sa famille sont toujours à sa recherche et elle ne dispose que d'un visa de tourisme pour rester sur le sol

égyptien. Sur les conseils de l'association, Max va entamer des démarches auprès de l'ARDHIS (Association pour la reconnaissance des droits des personnes homosexuelles et trans à l'immigration et au séjour) pour tenter d'obtenir le droit d'asile en France pour son amie et pour sa sœur.

Jean nous contacte du Bénin. Il nous explique qu'il vit depuis trois ans avec Michel, son compagnon, et qu'ils ont décidé d'officialiser la situation auprès de leurs familles et leurs ami·e·s. Les deux familles ont très mal réagi et ont décidé de déshériter les deux hommes. La nouvelle s'est répandue rapidement, Jean et Michel ont été expulsés de leur logement, sans préavis. À la rue, sans moyens, le couple habite dans un squat et ne sort que la nuit. Quelques semaines plus tard, leur logement de fortune est la cible d'un incendie criminel. Si Jean a pu s'en sortir indemne, Michel a été très gravement blessé, au point que son pronostic vital est engagé.
Le médecin a expliqué à Jean qu'il fallait que Michel soit évacué dans un plus grand hôpital, sinon il ne survivrait pas. Sans moyens et abandonné par l'ensemble de son entourage, Jean est perdu et a déjà pensé plusieurs fois à se suicider. Seul le fait que son conjoint soit encore en vie l'empêche de passer à l'acte.

Cherche jeune homme à agresser

Jimmy est un jeune gay qui utilise des applications de rencontres en ligne. Un jour il reçoit le message d'un homme de son âge qui l'invite à le rejoindre chez lui. Jimmy accepte et se rend chez l'inconnu. Ce dernier lui ouvre la porte de son immeuble, mais, une fois dans la cour, Jimmy se retrouve face à trois hommes qui commencent à lui donner des coups de poing pour lui voler ses effets personnels. Il essaye de se défendre et fait du bruit, ce qui pousse ses agresseurs à prendre la fuite. Jimmy va ensuite porter plainte et espère que ses agresseurs seront condamnés.

Khaled est un militant réfugié en France, dans les Bouches-du-Rhône, car menacé dans son pays, l'Algérie. Un soir, alors qu'il boit un verre dans un bar, il commence à se sentir bizarre. Il comprend qu'il a été drogué, mais a déjà perdu toute lucidité. Un homme lui propose de le suivre, ce que Khaled fait. Il se souvient d'être arrivé dans une chambre d'hôtel, où deux autres hommes les ont rejoints. Les hommes prennent de la drogue et de l'alcool, pendant que Khaled les observe sans pouvoir réagir, puis il est violemment frappé par l'un d'eux, ce qui lui fait perdre connaissance. Quand il se réveille, un des hommes est en train de le violer. Il essaye de se débattre, mais il est battu et perd à nouveau connaissance. Les violences sexuelles et physiques durent plusieurs heures. Profitant de l'état de faiblesse de Khaled, les agresseurs dérobent sa carte bleue et son téléphone. Ils prennent ensuite pour prétexte une étoile de David, que possède Khaled, pour le frapper de nouveau en lui tenant des propos racistes et antisémites. Les agresseurs vont torturer Khaled pendant trois jours en filmant les scènes. Ce n'est que le troisième jour que Khaled peut profiter d'un moment où ses agresseurs ne le surveillent pas pour aller à la fenêtre et appeler à l'aide. Par chance une voiture de police est présente dans la rue à ce moment-là, et il est secouru.

Lesbophobie
#Balance la lesbophobie !

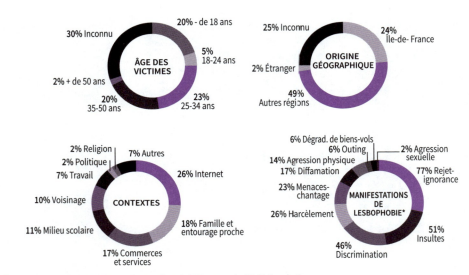

276 témoignages en 2017, correspondant à 257 cas, soit 17 % du total.

En 2017, SOS homophobie a recueilli 276 témoignages correspondant à 257 cas différents de lesbophobie. Le nombre de situations déclarées de discrimination à l'encontre des lesbiennes est donc en recul au regard des années précédentes. Pour rappel, 269 cas avaient été enregistrés en 2015 et 313 en 2016.

« Tu n'es plus ma fille »

Pour autant, il serait hâtif de conclure à une diminution de la lesbophobie aujourd'hui en France. Ces chiffres sont à mettre en relation avec les constats récurrents d'une faible visibilité des lesbiennes et de leur réticence à rapporter les insultes et les agressions dont elles peuvent être victimes.

Fin 2017, les mouvements #MeToo et #Balancetonporc ont encouragé des femmes à prendre la parole pour dénoncer les agressions sexuelles, le harcèlement, le viol et les violences conjugales. Enfin elles ont été entendues ! Ce phénomène social révèle l'ampleur et la persistance de ces situations vécues au quotidien par les femmes, situations encore très largement minorées, ou même niées, et qui ne font que très rarement l'objet de plaintes. Cette autocensure est également présente chez les femmes lesbiennes qui, elles aussi, minimisent la gravité des discriminations subies. Il est à noter que ce sont parfois des témoins qui contactent l'association pour s'alarmer et dénoncer les

* Plusieurs manifestations peuvent être identifiées sur un cas. En conséquence, le total des manifestations est supérieur à 100 %.

insultes, discriminations ou violences à leur encontre.

Cette invisibilisation des lesbiennes est également présente dans les médias. Il est significatif que les articles rendant compte de l'homophobie violente qui a lieu en Tchétchénie ne mentionnent que très rarement les lesbiennes, pourtant elles aussi sont concernées par ces persécutions. Un citoyen américain a ainsi témoigné auprès de SOS homophobie pour une de ses amies : « *Elle a été victime d'une très grave agression, des coups et une chute du 3ᵉ étage, venant probablement de la part d'hommes de sa famille, qui l'a laissée dans le coma plusieurs jours.* »

L'analyse des témoignages reçus cette année par SOS homophobie confirme que la lesbophobie s'exerce aussi bien dans l'espace privé, ou proche, que dans les espaces publics. Force est de constater que le paysage lesbophobe ne change guère ! Dans les familles, la totalité des situations rapportées fait état d'un rejet, que celui-ci soit le fait des parents ou des frères et sœurs. Ce refus de l'homosexualité s'accompagne dans la moitié des cas d'insultes et même de menaces pour un tiers d'entre eux (confiscation du téléphone, enfermement familial, éloignement, hospitalisation en psychiatrie). Ce sont les adolescentes mineures qui sont particulièrement concernées par cette lesbophobie intrafamiliale. Dans 6 % des cas des lesbiennes sont outées, dans leur famille, à l'école, au travail ou dans des lieux publics, impactant ainsi fortement leurs relations avec leurs proches : « *Tu es une honte, tu n'es plus ma fille.* » Se déclarer lesbienne, ou être déclarée comme telle, peut constituer une réelle mise en danger. Car au-delà des insultes, les lesbiennes se trouvent être victimes d'agressions physiques, dans 14 % des situations rapportées, voire d'agressions sexuelles dans 2 % des cas, dont deux viols ou tentatives de viol : « *Claques (laissant des bleus), lunettes cassées, coups de poing au visage, jetée à terre, coups de casque de scooter dans le dos.* » Et nul besoin d'être démonstratives pour être agressées : « *Nous attendions côte à côte, sans rien faire de particulier, elle avait juste une main dans mon dos mais aucun geste déplacé, et nous ne nous embrassions pas.* » De même, nul besoin d'être lesbienne pour déclencher des insultes lesbophobes ! Une simple suspicion suffit : les femmes androgynes ou masculines qui ne répondent pas aux critères de la féminité hétéronormative sont alors la cible des mêmes remarques désobligeantes que subissent les lesbiennes : « *Il veut que je me maquille plus, que je m'habille comme une fille.* » À l'inverse, les clichés sur les lesbiennes camionneuses ont la vie dure comme en témoignent ces propos tenus lors d'une Marche des fiertés :

« *Les enfants, c'est un papa et une maman* »

« *De superbes filles qui n'ont rien de gouines.* » Au rejet de ce qui est considéré comme une déviance d'orientation sexuelle s'ajoute le rejet de la déviance de genre. Ces situations donnent tout son sens à la définition de la lesbophobie en tant que conjugaison de discriminations sexistes et homophobes.

Cette année deux types de manifestation de lesbophobie retiennent particulièrement l'attention. Ainsi, les témoignages mettent en évidence la très grande brutalité de posts sur les réseaux sociaux, notamment sur Facebook, ou de contenus diffusés sur Internet avec, par exemple, la mise en ligne de prêches violemment homophobes. Aujourd'hui, cela concerne 26 % des cas (contre 23 % en 2015). Si certain·e·s contributeurs·trices dénoncent ces commentaires LGBTphobes, si des associations, ou des groupes comme les Biches du Net[1], traquent cette violence sur la Toile, cette mobilisation ne suffit malheureusement pas à endiguer cette déferlante haineuse. Et malgré les signalements, certains propos ne font pas l'objet de modération et demeurent en ligne.

L'autre phénomène inquiétant concerne les mères de famille lesbiennes qui sont la cible, ainsi que leurs enfants, d'une hostilité,

« Deux filles ensemble, c'est dégueulasse »

d'une agressivité révélatrices de la vision hétéronormée de la famille. Malgré l'adoption du mariage pour tou·te·s en 2013, les préjugés restent tenaces et cette visibilité qui bat en brèche le modèle familial traditionnel dérange :

1 Brigade d'intervention contre l'homophobie et le sexisme sur Internet : cette commission analyse les propos LGBTphobes qui sont signalés à SOS homophobie et agit directement auprès des auteur-e-s ou des hébergeurs pour en demander le retrait. Pour faciliter ce travail, l'association a établi des partenariats avec les grands acteurs du Web (Facebook, Twitter, Google) et, en parallèle, mène une réflexion plus globale sur une stratégie de contre-discours à mettre en place.

« *Je pense que quand on a un enfant on est forcément plus visibles et on dérange beaucoup plus parce qu'on va contre le modèle de famille traditionnel.* »

Peu de témoignages recueillis font état de discriminations dans le domaine de la santé. De même, la santé des femmes lesbiennes demeure un sujet largement absent des enquêtes de santé publique et des documents de référence sur la santé féminine. Elles sont très rarement prises en compte dans les messages des campagnes de prévention contre les infections sexuellement transmissibles (IST).

Des enquêtes récentes mettent en évidence le malaise important des personnes LGBT face au monde de la santé. La peur de subir une discrimination conduit les patientes lesbiennes à souvent taire leur orientation sexuelle lors d'une consultation médicale et à bénéficier de contrôles gynécologiques moins fréquents. De leur côté, les personnels de santé, qui restent encore peu formé·e·s sur ce sujet, n'abordent que rarement la question de l'orientation sexuelle de leur patiente, ce qui peut entraîner des prises en charge non adaptées et de moindre qualité.

Victoire, Francilienne de 18 ans, est dans un bus et discute au téléphone de son ex-compagne avec un ami. Quatre jeunes hommes, qu'elle ne connaît pas, s'approchent d'elle et lui disent : « Deux filles ensemble, c'est dégueulasse, tu ne mérites pas la vie qui t'a été donnée. » Ils ajoutent : « Un bon coup de bite et ça ira mieux. » Ils se mettent alors à la pousser et à lui donner discrètement des coups. Certains passagers ont vu mais ont détourné le regard. Victoire est angoissée à l'idée d'aller porter plainte, sachant que sa famille ignore son homosexualité. Elle craint de devoir à l'avenir rester en permanence sur ses gardes et se cacher par peur des réactions des autres et d'être à nouveau agressée.

Prévention, vous avez dit prévention ?
Emma, jeune femme belge de 29 ans, est en couple avec sa compagne depuis cinq ans. Elle se dit qu'il serait temps pour elle de consulter, ce qu'elle n'avait pas osé faire jusqu'à présent. Pensant qu'une femme médecin la mettra davantage en confiance, elle prend rendez-vous avec la responsable du service gynécologique d'un hôpital pour s'assurer d'être examinée par quelqu'un de compétent. La consultation commence par quelques questions d'ordre général puis la gynécologue lui demande si elle a des rapports sexuels. Emma le lui confirme en précisant : « Oui, mais pas avec un homme », ce à quoi la

Céline et Emilie, âgées d'une quarantaine d'années, vivent avec leurs deux enfants dans un quartier résidentiel du Nord de la France. Dès leur emménagement, leur quotidien s'est transformé en véritable cauchemar car une de leurs voisines a adopté à leur égard un comportement agressif, violent. En effet, depuis près de deux ans, elles sont victimes d'insultes verbales et écrites, de vols, de dégradations, de violences physiques.

Un extrait de l'un des courriers adressés au couple : *« Votre petit garçon pleure beaucoup… peut-être réclame-t-il trop souvent son papa. »* Lors d'un conflit avec un entrepreneur qui effectuait des travaux chez elles, cette voisine les a insultées, les qualifiant de *« sales gouines »*, et a remis en cause la composition de leur famille en affirmant publiquement : *« Les enfants, c'est un papa et une maman. »*

Suite à ce harcèlement, elles ont pris contact avec la maison de la médiation qui leur a conseillé de porter plainte. Quelque temps plus tard, alors qu'elles fixaient un claustra dans leur jardin, leur voisine a poussé violemment Céline, la faisant chuter et la blessant au coude. Puis, avec un tuyau d'arrosage, elle a aspergé les deux femmes ainsi que leurs enfants. Le couple a sollicité Police secours, qui n'est pas intervenue.

Céline, qui a eu une incapacité de travail de neuf jours, et Emilie sont très choquées. Leurs enfants, notamment leur petit garçon de quatre ans, ont très peur et refusent de jouer dans le jardin. Elles ont déposé quatre plaintes au commissariat mais la police considère qu'il s'agit d'un simple problème de voisinage et non de harcèlement homophobe. Une confrontation a été planifiée, elles appréhendent de se retrouver dans la même pièce que cette voisine.

Elles ne souhaitent pourtant qu'une chose : pouvoir vivre leur vie tranquillement et ne plus avoir à rentrer chez elles la boule au ventre.

....

gynécologue répond : « Parfait, je n'ai donc pas besoin de vous examiner, puisque si vous êtes avec une femme, vous ne risquez rien. » *Emma lui répète qu'elle est sexuellement active.* La gynécologue lui explique qu'il n'est pas utile qu'elle l'ausculte parce qu'elle ne risque nullement d'attraper une IST. *Emma s'interroge :* « Qu'est-ce que je dois comprendre ? En tant que lesbienne, je n'ai pas de risque de cancer, d'infections, ou autres ? »

« Quatre filles et un hybride »

Elodie est une jeune femme lesbienne d'une trentaine d'années. C'est sur son lieu de travail, une usine en Bretagne, qu'elle se trouve en butte à d'incessantes remarques. Son chef d'équipe, qui connaît son orientation sexuelle, se sent investi d'une mission : la rendre plus « girly » ! Évidemment pour son bien. Les injonctions sont permanentes. Par exemple, lorsqu'elle se lave les mains, il lui demande de baisser ses manches « parce que t'es pas un homme ». *Il se permet également des réflexions sur sa manière de s'habiller :* « Tu choisis tes vêtements chez les mecs ou chez les nanas ? » *Au sein de la famille d'Elodie, les propos désobligeants sont également fréquents. Pour sa sœur, leurs parents ont eu* « quatre filles et un hybride ». *Elodie se sent belle, se sent femme, mais son apparence ne concorde pas avec l'image que ses proches se font d'une* « vraie femme ». *Elle subit au quotidien des brimades, des insultes parfois extrêmement grossières. On l'appelle* « mon pote », *on lui dit qu'* « il [lui] manque qu'une paire de couilles ». *Tout ça, c'est bien sûr* « pour rigoler ».

Une bonne éducation
La fille de 4 ans de Clara a parlé de son « amoureuse » à une éducatrice de son école maternelle. Cette dernière lui a répondu : « L'amour, c'est entre une fille et un garçon ! » Clara est intervenue auprès de cette éducatrice, qui lui a rétorqué : « C'est pas comme ça qu'on éduque un enfant ! » Clara est scandalisée et blessée par cette attitude malveillante envers sa petite fille.

T'as de beaux seins, tu sais !
Lors d'une consultation pour une échographie mammaire, l'attitude du médecin met Samia extrêmement mal à l'aise. Il lui pose des questions intimes en lui palpant longuement les seins : « Vous avez une amie ? Et vous avez déjà été avec des hommes ? » Il lui précise qu'il a d'autres patientes lesbiennes et enchaîne : « Jules Renard disait "Quand je regarde la poitrine d'une femme, je vois double". Hé bien moi c'est pareil, quand une femme me présente sa femme, j'ai l'impression de voir double ! » Une fois la consultation terminée, le médecin demande à sa secrétaire de donner son numéro de téléphone personnel à Samia, en insistant sur le fait qu'elle peut même l'appeler le week-end. Samia souhaite dénoncer le comportement misogyne et lesbophobe de ce médecin mais craint qu'il l'attaque en diffamation.

Il faut un garçon !
Mathilde a 16 ans et vit en Ardèche. Lorsque ses parents ont appris qu'elle avait une petite amie, ils ont très mal réagi et lui ont confisqué son téléphone portable. Son père l'a traitée de « folle », a qualifié l'homosexualité de « perversion » et l'a menacée de l' « enfermer dans un hôpital psychiatrique » car, pour lui : « Deux filles, ce n'est pas normal, il faut un garçon ! »

Respect et acceptation demandés
Sophie a la trentaine, elle a fait son coming out il y a près d'une dizaine d'années à sa famille, qui est très traditionnelle. Elle a présenté sa compagne, avec laquelle elle vit depuis trois ans, à ses parents. Bien qu'ils ne soient pas ravis que leur fille vive en couple avec une femme, ils ont à peu près accepté la situation. En revanche, c'est plus compliqué avec ses deux frères, qui ont participé aux marches de la Manif pour tous. Les fêtes de fin d'année sont venues tendre leurs relations. Un de ses frères a interdit à sa compagne d'être présente à la fête de famille, le soir de Noël. Il s'est justifié en affirmant qu'il n'avait rien contre sa sœur et son amie, ou contre l'homosexualité en général, mais que, « en tant que père de famille, [il se devait] de protéger [s]es enfants ». Sophie, qui souhaite garder le contact avec ses neveux et nièces, espère parvenir à le raisonner.

Un voisin soucieux
Yannis vit à Marseille. Il contacte SOS homophobie pour parler de ses voisines, un couple de femmes, qui subissent un harcèlement quasi quotidien de la part de certain·e·s habitant·e·s de l'immeuble. Le syndic les accuse même d'avoir des chiens « bruyants et dangereux », ce qui est totalement faux. Elles reçoivent des courriers injurieux les traitant de « salopes de bouffeuses de chatte ». Une voisine les a suivies et filmées pendant plusieurs semaines, et a même tenté de les faire expulser. Une des deux femmes a aujourd'hui peur de sortir de chez elle. Yannis, « outré par ces comportements », tenait à témoigner.

La parole à... Coraline DELEBARRE

Il existe à ce jour très peu d'enquêtes réalisées sur la sexualité entre femmes. Pour quelle raison ?

En France, les sexualités restent très peu étudiées. Les enquêtes qui traitent de ce sujet investissent majoritairement les comportements sexuels sur un versant épidémiologique et visent à mesurer les risques de transmission du VIH et autres IST dans une logique de santé publique. Elles s'intéressent massivement aux publics les plus touchés, notamment par le VIH, comme les hommes ayant des relations sexuelles avec des hommes (HSH) et les migrants. Considérées comme à moindre risque, les femmes ayant des relations sexuelles avec d'autres femmes (FSF) font rarement l'objet d'études. Pourtant les chiffres* font état de prévalences élevées d'IST dans cette population et d'un moindre recours au dépistage et au suivi gynécologique. Notre représentation de la sexualité entre femmes comme non pénétrante et non assertive est certainement un frein à l'exploration de leurs réalités sexuelles.

Quels sont les risques encourus par les lesbiennes ? et existe-t-il des actions de prévention ?

Les lesbiennes ne sont donc pas considérées comme un public clé en termes de risque, notamment face au VIH même s'il existe des cas de transmission entre femmes. L'enquête CSF* démontre que les FSF sont 12 %, versus 3 % des femmes se déclarant strictement hétérosexuelles, à rapporter avoir eu une infection sexuellement transmissible dans les cinq dernières années, parce qu'elles entrent en sexualité plus précocement et ont un nombre de partenaires plus élevé, notamment des hommes.

Les représentations de la sexualité entre femmes la rendent non seulement inexistante mais aussi sans risque. Ceci crée ce que Brigitte Lhomond appelle le *« sentiment d'immunité »*, intériorisé par les chercheurs, chercheuses et professionnel·le·s de santé et par les lesbiennes elles-mêmes. Cette conception pousse, sans doute, certain·e·s praticien·ne·s à exclure par exemple le frottis de leur examen face à une femme lesbienne.

Malgré des constats de fortes inégalités de santé, il existe peu d'informations prenant en compte les FSF. Il paraît donc essentiel de mettre en place une politique de prévention pour qu'elles aient davantage accès aux dépistages, aux soins et consultations gynécologiques. Seules quelques initiatives, autofinancées ou financées par les pouvoirs publics, existent à l'heure actuelle. C'est le cas de la brochure « Tomber la culotte », qui sera actualisée fin 2018**.

Comment expliquer les réticences de certaines femmes lesbiennes vis-à-vis du monde médical et leur appréhension à évoquer leur orientation sexuelle ?

La présomption d'hétérosexualité est un biais qui débouche parfois vers un coming out forcé, difficile à vivre pour certaines. La peur d'être jugée, incomprise ou déniée dans sa sexualité constitue également un obstacle à l'évocation de son orientation sexuelle. Par ailleurs, la gynécologie est perçue comme centrée sur l'accès à la contraception, le suivi des grossesses. Cette représentation traditionnelle constitue un frein à l'accès au soin pour des femmes qui ne se sentent pas directement concernées par ces problématiques.

Systématiser dans les questions posées aux patientes la question de l'orientation sexuelle pourrait être un levier intéressant.

*Contexte de la sexualité en France (CSF), 2008
 https://www.ined.fr/fr/publications/coeditions/enquete-sur-la-sexualite-en-france/
**https://www.planning-familial.org/sites/internet/files/fsf_brochure_210911_bassedef.pdf

En savoir plus :
Pour une promotion de la santé lesbienne : état des lieux des recherches, enjeux et propositions :
http://journals.openedition.org/gss/951#text

Coraline DELEBARRE,
psychologue, sexologue à Paris et au CeGIDD (Centre gratuit d'information, de dépistage et de diagnostic des infections par le VIH, des hépatites et des IST) de l'hôpital André Grégoire à Montreuil

Gayphobie
Encore et toujours plus !

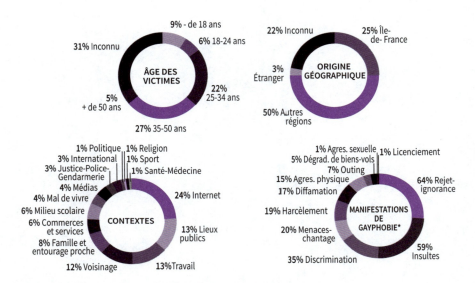

1105 témoignages en 2017, correspondant à 994 cas, soit 66 % du total.

SOS homophobie fait l'inquiétant constat, encore cette année, d'une augmentation importante du nombre de cas de gayphobie recensés en comparaison de l'année précédente (994 cas en 2017 contre 829 en 2016). Ce sont donc 20 % de cas supplémentaires qui ont été comptabilisés par l'association, une augmentation de 15 % ayant déjà été relevée l'an passé.

L'analyse quantitative des cas recensés montre que certains paramètres évoluent peu. Les formes d'expression les plus fréquentes de gayphobie restent d'une part les phénomènes de rejet et d'ignorance et d'autre part les insultes. On les retrouve en 2017 dans 64 % des situations, pour la première, et dans 59 % des cas pour la seconde. Le film *Épouse-moi mon pote*[1], en véhiculant des clichés éculés sur les gays, est un bon reflet de la vision péjorative que peut avoir une partie de la société sur l'homosexualité masculine.

De même, des manifestations plus tangibles semblent se renforcer. Les victimes, qui décrivent dans 35 % des cas une situation de discrimination, se sentent de fait diminuées

20 % de cas supplémentaires de gayphobie en 2017

dans leurs droits. Il s'agit d'une augmentation de 6 points par rapport à 2016. Un jeune homme de 20 ans résidant dans une petite commune

* Plusieurs manifestations peuvent être identifiées sur un cas. En conséquence, le total des manifestations est supérieur à 100 %.

1 *Épouse-moi mon pote*, de Tarek Boudali, sorti en France le 25 octobre 2017.

française a été victime de cette infraction. Il assume pleinement son homosexualité et vit en couple avec son petit ami. Il souhaitait organiser une fête pour son anniversaire dans la salle municipale, comme cela se fait régulièrement dans la commune. Cependant, la réservation de celle-ci lui a été refusée au motif qu'elle n'était pas disponible le jour demandé. Le père du jeune homme, ayant des doutes sur cette réponse, a demandé à des amis d'appeler la municipalité afin de réserver cette salle à la même date, ce qu'ils ont pu faire sans difficulté. À noter que le maire de cette commune avait déclaré, lors des débats autour du mariage pour

Une augmentation des faits de discrimination

tou·te·s, qu'il refuserait de marier un couple de personnes du même sexe…

Autre sujet d'inquiétude : la part des situations incluant des violences physiques continue de progresser (13 % en 2015, 14 % en 2016, 15 % en 2017). Même si cette évolution reste faible, il convient de ne pas oublier les répercussions au long cours et les traumatismes que ces actes causent chez les victimes. Un homme gay âgé de 46 ans, en situation de handicap, victime d'une agression brutale dans un lieu public, a pris contact avec SOS homophobie pour demander du soutien. Alors qu'il marchait tranquillement sur un parking, un jeune homme l'a insulté sans raison apparente : « lope », « enculé », « tapette », etc., puis l'a poussé violemment contre une voiture. La victime, qui a perdu connaissance pendant une heure, a été hospitalisée pendant plusieurs jours. Cette agression a eu des conséquences sévères qui ont perduré plusieurs mois (angoisses, importante perte de poids, prise de médicaments…). Ainsi, les lieux publics (avec le secteur professionnel) sont le deuxième espace où s'exerce la gayphobie (dans 13 % des 994 cas).

Concernant les contextes dans lesquels on retrouve des comportements gayphobes, Internet n'est toujours pas détrôné de sa première place (24 % des cas). Le sentiment d'impunité favorisé par l'anonymat et la distance créée par l'écran facilitent des comportements intolérables. Une étude inédite, « 24 heures de haine sur Internet », réalisée en janvier 2017 par l'agence d'analyse du Web Kantar Media, a comptabilisé 200 456 insultes de toutes natures en 24 heures sur le Net (dans les commentaires publics d'articles de presse, postées sur les sites, blogs, forums et réseaux sociaux les plus populaires). Les propos homophobes et transphobes n'en sont pas absents…

La Toile a notamment été marquée cette année par des commentaires odieux après le canular homophobe orchestré par Cyril Hanouna dans son émission « TPMP ! Radio Baba »[2] ou encore autour de l'hommage rendu par son mari au policier abattu sur les Champs-Elysées le 20 avril 2017, Xavier Jugelé.

Le milieu du travail reste le deuxième contexte (au côté des lieux publics) dans lequel des hommes sont victimes de gayphobie (13 % des cas recensés). Même si le nombre de cas rapportés est légèrement moins important qu'en 2016 (135 cas contre 165), il n'en demeure pas moins difficile pour bon nombre d'hommes gays d'y assumer pleinement leur identité sans craindre brimades, insultes, ou encore diffamation. Comme le souligne le Défenseur des droits dans son guide de mai 2017, *Agir contre les discriminations liées à l'orientation sexuelle et à l'identité de genre* : *« Le lieu de travail [...] joue un rôle important dans la socialisation des individus. La prise*

---

2 *Émission diffusée en prime time sur la chaine télévisée C8, le jeudi 18 mai 2017.*

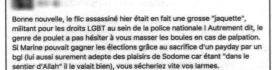

Qui était Xavier Jugele, le policier tué dans l'attentat des Champs-Elysées
Un hommage national lui sera rendu, a annoncé François Hollande.
HUFFINGTONPOST.FR

Message posté sur Facebook signalé à SOS homophobie

en compte des droits des personnes LGBT y est donc essentielle. » Un jeune professeur a raconté son histoire à SOS homophobie. Alors qu'il était en train de travailler seul dans sa classe, le proviseur du lycée y est entré et a demandé à consulter son téléphone portable pour connaître le contenu d'échanges SMS entre lui et une élève. N'ayant rien à se reprocher, il s'est exécuté. Après avoir inspecté son portable et n'ayant rien à redire, le proviseur lui a adressé les propos suivants : « *Je refuse qu'un PD, un pédophile, soit dans l'Éducation nationale!* », « *Les PD devraient être pendus* », « *Vous ne méritez pas de vivre* », « *Je ferai tout pour que vous ne puissiez pas continuer d'enseigner* ». La scène a été un véritable traumatisme pour ce jeune professionnel, engendrant des pensées suicidaires.

Le voisinage arrive sur la troisième marche de ce triste podium gayphobe. Les victimes décrivent régulièrement un sentiment permanent de pression, de stress, de mal-être occasionné par la proximité constante avec leurs persécuteurs·trices. C'est ce que ressent Philippe, résidant en Bretagne. Son compagnon est venu vivre chez lui en attendant d'emménager dans son nouveau logement. Les voisins, prenant connaissance de cette cohabitation, les ont violemment agressés un soir. Ils ont essayé à cette occasion d'insérer une bouteille dans l'anus de son compagnon. Extrêmement choqué, celui-ci est parti vivre chez des proches. Quant à Philippe, n'ayant pas de soutien, il n'a pour le moment aucune possibilité de quitter ce logement.

Les statistiques sont enfin préoccupantes pour le milieu scolaire. Le nombre de cas recensés est passé de 50 en 2016 à 62 en 2017. Nous savons combien les violences physiques et/ou morales sont préjudiciables pour les jeunes LGBT, qui ont de

« *Je vais vous apprendre à être des hommes !* »

plus des difficultés à en parler et ne se sentent pas suffisamment écouté·e·s. C'est pourquoi SOS homophobie tient à alerter sur l'importance de développer les actions de sensibilisation dans les établissements scolaires.

Reste à signaler que dans le secteur de la santé le climat de gayphobie et de sérophobie est malheureusement conforté par la décision de rejet du Conseil d'État du 28 décembre 2017 qui maintient des conditions différenciées pour les homosexuels et les HSH (hommes ayant ou ayant eu des rapports sexuels avec des hommes) qui souhaitent donner leur sang.

« Il y a de ça 7 ans, au collège, de la 5e à la 3e j'ai été victime de harcèlement. Tous les jours, au collège ou dans le bus, je me faisais frapper, coller des chewing-gums dans les cheveux [...]. On déchirait mes habits, on m'enfermait dans les toilettes et on se mettait à plusieurs pour m'y tabasser, on se servait de moi comme ballon de foot dans les couloirs, on me balançait des boulettes de papier, des compas, des ciseaux, des stylos, on me volait mes affaires et on me les rendait ou me les montrait cassées et TOUT ça, au vu et au su de tous les "personnels enseignants et éducatifs". La CPE, la directrice et tou·te·s les surveillant·e·s ainsi que les professeur·e·s étaient au courant, le chauffeur de bus et le service de transport tout autant. J'ai aujourd'hui 17 ans et j'ai déjà fait une tentative de suicide, je suis suivi dans un CMP [centre médico-psychologique], j'ai des rendez-vous avec des assistantes sociales et je dois encore me battre, verbalement, physiquement et mentalement pour que l'on me respecte et que l'on me traite normalement. Je trouve cela INADMISSIBLE. »

Hervé et Juan sont en voiture, avec la mère de ce dernier, dans les rues de Cannes. Juan klaxonne un motard car celui-ci vient de griller un feu rouge, manquant de provoquer un accident. La réaction du chauffard ne se fait pas attendre : « T'es qui ? T'es de la police ? Tu vas m'apprendre la loi, sale PD ? Je vais vous apprendre à être des hommes ! Tafioles !» Les deux jeunes hommes ont porté plainte.

Un homme se promène tranquillement dans la rue quand tout à coup il entend un inconnu lui hurler : « Tu vas crever, sale PD !» Joignant le geste à la parole, il lui assène un coup de couteau.

Dans les Alpes-Maritimes, un professeur d'anglais encadre un groupe d'étudiant·e·s pour vendre des plantes lors d'un rassemblement, afin d'aider au financement d'un voyage pédagogique à Londres. Alors qu'ils mettent en place leur stand, le commerçant juste à côté d'eux accuse les jeunes, sans preuve, d'avoir déposé des bouteilles de bière vides devant l'entrée de sa boutique. Le professeur défend naturellement ses étudiant·e·s. Encore plus irrité, le commerçant bouscule le professeur avec une barrière et lui crie : « Elle croit qu'elle peut commander, la tafiole !»

Un groupe de trois hommes échangent des propos homophobes dans un bus de nuit à Paris. Esteban, les entendant, leur indique le caractère homophobe de leurs paroles. Un des hommes du groupe lui demande alors s'il est homosexuel, Esteban lui répond oui. L'homme s'approche et le gifle à plusieurs reprises.

Un couple s'installe dans une petite ville d'Ille-et-Vilaine. Malheureusement pour leurs voisins, ils occasionnent beaucoup de dérangement : bruits excessifs, tapage nocturne, aboiements de chien, etc. Leurs voisins directs, Jonas et Mathieu, en couple, leur demandent de faire attention. Pour toute réponse, ils reçoivent insultes, menaces, singeries de comportements efféminés. Ils essaient d'entamer une médiation judiciaire, sans succès. Un jour la situation dégénère. Face à des nuisances sonores excessives, Jonas leur demande de faire moins de bruit. Cela déplaisant aux voisins, ils s'approchent de sa fenêtre et lui crient : « On va vous casser la tête, les pédales !» Effectivement, ils essaient d'extraire Jonas par la fenêtre et le frappent. Heureusement, Mathieu a pu appeler la gendarmerie, faisant déguerpir les agresseur·e·s. L'unité médico-judiciaire a constaté une interruption temporaire de travail de huit jours à Jonas.

Son compagnon et lui sont à ce jour en attente d'un retour du parquet et sont très inquiets de continuer à vivre dans cet environnement.

Yann est un collégien de 15 ans. Depuis que les autres élèves ont appris son homosexualité, il essuie des brimades à longueur de journée. Il a reçu des coups à plusieurs reprises. Il a peur d'en parler à ses parents, aux professeur·e·s et à la conseillère d'éducation. Il se confie seulement à sa meilleure amie. Il se sent très mal et n'en dort plus la nuit.

Un samedi après-midi, un couple gay binational monte dans un bus à Lyon, afin de se rendre en centre-ville. Un homme, très massif, monte dans le bus et demande l'heure à l'un des deux hommes. Celui-ci, étant argentin, ne comprend pas la question et se tourne vers son compagnon. L'homme lui attrape alors le bras et pendant tout le temps que dure le trajet les insultes à voix haute : « Sales PD, je ne sais pas qui fait l'homme ou qui fait la femme, je vous encule ! » L'autobus était bondé. Seules trois adolescentes sont intervenues en demandant à l'homme d'arrêter.

Un soir, un couple d'hommes promène tranquillement son chien dans son quartier. Un groupe d'une dizaine de personnes les interpellent : « Venez là, sales PD, on va vous crever ! » *Les deux hommes ne répondent pas, et continuent de marcher. Soudainement quatre individus du groupe les rattrapent et commencent à les frapper, notamment à l'aide d'une matraque télescopique. Depuis, les deux hommes ne se sentent plus en sécurité et souhaitent déménager.*

Un jeune gay de bientôt 17 ans a été chassé de son domicile par ses parents après son coming out, et s'est donc retrouvé à la rue. Il est hébergé dans un

Thomas, jeune lycéen de 17 ans, vit en Gironde. Il a un petit ami. Un jour, les amoureux s'embrassent dans la rue. Deux jeunes scolarisés dans le même établissement que Thomas surprennent cette scène. De retour au lycée, Thomas est agressé verbalement et physiquement par ces élèves : *« Les PD, ça devrait pas être sur terre »*, *« Les homosexuels devraient être tous pendus »*. Ils lui crachent dessus et le blessent à la lèvre. Une des amies de Thomas prévient les surveillants, qui font cesser l'agression. Les deux agresseurs sont convoqués par la conseillère principale d'éducation. Leurs explications : *« Thomas l'a bien mérité car il a choisi d'être gay. »*

C'est l'un des surveillants de l'établissement qui a contacté SOS homophobie en premier, très inquiet pour Thomas. Homosexuel également, cette scène lui a fait revivre des traumatismes anciens. Il avait d'ailleurs lui-même bénéficié d'un soutien de l'association pour des faits similaires. Il sait combien cela peut être difficile d'être victime d'homophobie dans son adolescence. Ce temps d'échange a permis au surveillant de s'apaiser. L'association lui a présenté le dispositif des interventions en milieu scolaire (IMS).

L'écoutant a aussi proposé qu'il communique les coordonnées de SOS homophobie à Thomas dans le cas où celui-ci souhaiterait un soutien. Ce dernier a pris contact avec l'association et un accompagnement lui a été proposé via le site Cestcommeca.net.

foyer d'urgence. Alors qu'il pensait pouvoir s'y reconstruire, il est victime de violences homophobes de la part des autres résidents.

Un homme gay musulman de 28 ans habitant Argenteuil souffre d'une dépression sévère depuis plusieurs mois après avoir été outé par un ami. Les conséquences de cet outing ont été terribles pour lui. Son père et ses frères ont coupé toutes relations, seule sa mère continue de lui parler mais leurs rapports sont difficiles.

Romain, fonctionnaire proche de la soixantaine, s'est marié avec son conjoint à la fin de l'année 2016. Le congé de mariage, accordé classiquement à tou·te·s ses collègues, lui a été refusé. Ses courriers à ses supérieurs sont restés sans réponse.

Deux amis gays d'une quarantaine d'années cohabitent dans une petite ferme près d'Amiens, depuis plusieurs années. Ils mènent une vie discrète et sans histoires. Mais depuis quelque temps, ils ne se sentent plus en sécurité. Ils ont notamment reçu un courrier anonyme sur lequel était dactylographié « sales PD ». Il y a trois mois, les choses ont pris une tournure plus alarmante. Un incendie s'est déclaré dans une grange attenante à leur maison. Ils ont heureusement été réveillés et sauvés par un voisin. Si l'orientation du vent avait été différente, leur maison aurait brûlé. Une enquête a été menée par l'assurance et l'expertise a conclu à un incendie d'origine criminelle. Du carburant avait été déversé à deux endroits. Edouard et son compagnon veulent fêter la date anniversaire de leur rencontre en allant dîner dehors. Ils se tiennent la main en arrivant au restaurant et sentent immédiatement les regards scrutateurs d'un groupe de quatre client·e·s sur eux. Les deux hommes décident de ne pas y prêter attention. Ils se tiennent toujours la main au moment du repas, et finissent pas entendre une des femmes du groupe leur demander d'arrêter « ces actes obscènes et contre-nature ».

Bastien est fonctionnaire de police dans le Sud de la France. Depuis sa prise de poste, il fait l'objet de décisions surprenantes voire incohérentes de la part de sa hiérarchie. Il soupçonne que cela soit lié à son homosexualité. Un commissaire de police lui a d'ailleurs demandé de rester discret quant à son orientation sexuelle.

Biphobie
Ne bi-gnorez pas !

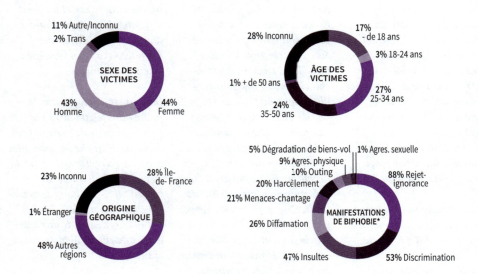

112 témoignages en 2017, correspondant à 104 cas, soit 7 % du total.

L'année 2017 marque une évolution majeure pour ce chapitre : SOS homophobie a reçu beaucoup plus de témoignages concernant la biphobie que les années précédentes. 112 témoignages (pour 104 cas) cette année contre 44 l'année dernière (pour 43 cas). Cette augmentation est constante depuis deux ans : pour rappel en 2015 l'association avait reçu 23 témoignages.

Parmi les victimes, nous comptons pratiquement autant d'hommes que de femmes cisgenres (respectivement 43 et 44 %), et environ 2 % de personnes trans. Un des préjugés les plus courants sur les bisexuel·le·s est généralement la facilité à avoir des relations amoureuses et sexuelles. Le prétexte mis en avant étant le large choix dont ils ou elles disposeraient comme nous le témoignent les appelant·e·s. Ce cliché est fréquent chez les hétérosexuel·le·s mais aussi chez les homosexuel·le·s. En d'autres termes, qu'il s'agisse d'une personne du sexe opposé ou non, le seul fait d'être bisexuel·le indiquerait que l'on est

> *« T'es pas lesbienne, t'es bi, tu peux pas comprendre »*

facile à séduire, et surtout volage. Cela engendre des malentendus, des amitiés qui se déchirent, un mal-être et surtout un sentiment d'être perçu·e comme un·e prédateur·trice sexuel·le.

* *Plusieurs manifestations peuvent être identifiées sur un cas. En conséquence, le total des manifestations est supérieur à 100 %.*

À la suite de leur coming out, les bisexuel·le·s peuvent être rejeté·e·s par ignorance de leur entourage (c'est la manifestation de biphobie la plus récurrente avec 88 % des cas). Annoncer son orientation sexuelle peut déclencher des questions, des surprises, comme il nous l'a été rapporté cette année. Pire, dans certaines situations, la crainte de la réaction d'autrui pèse sur les victimes lorsqu'elles dévoilent leur bisexualité. Les ami·e·s et la famille, aveuglé·e·s par les idées reçues, se transforment alors parfois en bourreaux.

Certain·e·s appelant·e·s nous confient qu'ils ou elles se sentent obligé·e·s de se dire homosexuel·le·s quand la personne qui partage leur vie est du même sexe, ou hétérosexuel·le·s quand il s'agit d'une personne du sexe opposé. L'idée reçue étant qu'un·e bisexuel·le qui a une relation stable de longue durée n'est pas – ou plus – bisexuel·le. C'est pour cette raison qu'ils et elles se battent pour faire comprendre leur vie sentimentale, même si, parfois, la biphobie peut les pousser à baisser les bras.

Dans ce contexte, il serait logique de se tourner vers des interlocuteurs·trices militant·e·s LGBT. Il est cependant arrivé cette année que le lien entre militant·e et victime de biphobie ne soit pas celui que l'on croit. En effet, certaines consciences ont encore besoin d'évoluer. Comme celle de cette militante qui estime qu'une bisexuelle ne peut livrer le même combat qu'une lesbienne. Un autre des clichés véhiculés par la biphobie est d'affirmer que les causes de lutte ne sont pas identiques, à tort car elles demeurent l'acceptation de la différence, la tolérance et le non-rejet en raison de l'orientation sexuelle quelle qu'elle soit.

Deux articles de médias concernant la bisexualité nous sont parvenus et attirent l'attention du grand public sur ce sujet. L'un, dans un magazine d'actualités en ligne, est consacré à la problématique du traitement de la statistique des bisexuel·le·s qui, pour être pris·es en compte, sont le plus souvent placé·e·s dans la case hétérosexuel·le·s. L'autre, dans un magazine papier et en ligne, fait état de l'outing forcé d'une personnalité publique, sous

« Bi s'abstenir »

couvert d'une révélation personnelle quant à des expériences de jeunesse. Un animateur télé, Thierry Ardisson, parle de son expérience avec un homme dans sa jeunesse (expérience qu'il n'aura pas désiré renouveler depuis), et donne le nom de l'homme concerné, qui ne fait pas état publiquement de son orientation sexuelle ; c'est un outing. Si le coming out de personnes à la notoriété nationale ou internationale est une méthode pour faire avancer les mentalités, l'outing en revanche constitue une violation de la vie privée punie par la loi.

S'affirmer en tant que bisexuel·le peut tourner au rejet

Depuis un plan à trois avec sa femme et un homme extérieur à leur couple, Rémy se pose des questions sur sa sexualité. La réaction de sa femme, lorsqu'il se confie à elle, le surprend beaucoup : plutôt que de le comprendre et de parler du sujet, elle lui fait du chantage et le menace de révéler sa potentielle bisexualité à leur entourage. Le couple a des enfants et Rémy a peur de les perdre.

Après une expérience avec un homme, Jean, lycéen des Hauts-de-France, décide de dire à ses ami·e·s qu'il est bisexuel. Il est alors rejeté violemment et même considéré comme un traître dans son groupe d'ami·e·s. Mais heureusement l'un d'entre eux, lui-même ouvertement homosexuel, le soutient et veut calmer les esprits, faire en sorte que Jean s'accepte tel qu'il est et que la bande d'ami·e·s reste solidaire. C'est pour cette raison qu'il appelle SOS homophobie.

Ce n'est pas un choix

Sophie est très étonnée de la réaction d'une militante à son égard. Elles vivent toutes deux en région parisienne et sont investies pour défendre la cause LGBT. Seulement, l'autre militante reproche sa bisexualité à Sophie, prétextant que lesbiennes et bisexuelles ne se ressemblent pas, et n'ont pas de cause commune.

Fabienne vit à Paris. Elle est bisexuelle et actuellement en couple avec un homme. Sa meilleure amie, Sarah, lesbienne, lui confie qu'elle a des sentiments plus qu'amicaux pour elle. Fabienne ne partage pas cette attirance mais sa position n'est pas comprise. Selon Sarah, les bisexuel·le·s ont « nécessairement » besoin d'avoir des relations avec des hommes et des femmes simultanément. De ce fait, Fabienne devrait rechercher des relations extraconjugales avec des femmes. Fabienne se sent considérée comme une traîtresse qui n'est pas « une vraie lesbienne » aux yeux de Sarah qui pourtant était sa meilleure amie.

Géraldine, bisexuelle, vient

Lancement de la première enquête nationale sur la biphobie

En 2015, à la question « *Pensez-vous que les bisexuel·le·s peuvent être discriminé·e·s en raison de leur orientation sexuelle ?* », 73 % des quelque 6 100 personnes interrogées répondaient « *oui* », et 11 % « *peut-être* ».

Après la publication de l'enquête nationale sur la bisexualité en 2015, il est temps de lancer l'enquête sur la biphobie !

Cette première enquête remplit un grand vide : son objectif est d'éclairer toute association qui voudrait se saisir de cette thématique, de produire des données, des informations et des analyses dont le milieu militant et associatif a grandement besoin. Elle permettra également aux associations d'intervenir auprès de tout·e interlocuteur·trice ayant des pouvoirs d'action ou de décision et de visibiliser les personnes victimes de biphobie afin de faire reculer les discriminations envers les bisexuel·le·s.

Le questionnaire est diffusé sur Internet (enquete-biphobie.org) et partout en France en version papier, grâce au tissu associatif local. Pendant plusieurs mois les personnes concernées peuvent y répondre.

Une enquête menée en collaboration avec Act Up-Paris, Bi'Cause, FièrEs, le MAG Jeunes LGBT et SOS homophobie.

d'emménager dans le Sud de la France. Elle décide de rencontrer du monde via une plateforme de réseautage social qui organise des événements dans sa ville. Lors de l'un de ces événements, elle refuse les avances d'un des organisateurs qui croit lui plaire. Vexé, celui-ci divulgue son orientation sexuelle. Certaines femmes du groupe se sentent menacées pensant que Géraldine pourrait potentiellement tenter de les séduire.

Bisexuel·le sur le Net

Simon, hétérosexuel, parcourt des forums de Google+ et y lit des propos sur la bisexualité qui le choquent. Selon les commentaires, les hommes bisexuels passent par une phase pour « faire les intéressants » en ayant des rapports avec des hommes avant de n'avoir que des rapports hétérosexuels le reste de leur vie. Bien qu'il se dise qu'il ne devrait pas être tant touché par ces messages biphobes, Simon ne peut s'empêcher de réagir et fait même office de médiateur en les dénonçant aux modérateurs du forum.

Angélique surfe sur une application de rencontres en ligne et est très surprise à la lecture d'un profil : le texte de description indique « Bi s'abstenir ». Elle ne comprend pas cette discrimination.

La parole à… Vincent Viktoria STROBEL

Biphobie, mot introuvable dans les dictionnaires et pour les correcteurs automatiques, mais maux bien réels.

Cela démarre avec des idées reçues, répercutées en petit groupe ou en société, visant à dévaloriser les personnes bi ; on peut en arriver à des violences et agressions, avec souvent en toile de fond la négation de la bisexualité elle-même.

Mais, entend-on parfois, il n'y a pas de spécificité bi, les rejets sont les mêmes que ceux que subissent les gays et lesbiennes. Et pourtant, quand le mobile est lié à la relation avec une personne du même genre que le sien, il n'est pas rare de se faire rétorquer : « *Tu peux sans te forcer donner le change avec une personne du genre opposé, pourquoi te compliquer la vie ?* » De la biphobie en creux, en quelque sorte.

Il y a pire : quand le rejet, la stigmatisation viennent du milieu gay ou lesbien, c'est d'autant plus dur ! Il nous arrive même de relever, heureusement rarement, de telles attitudes de la part d'activistes lesbiennes ou gays… qui ne connaissent sans doute pas les rapports de SOS homophobie et leur chapitre sur la biphobie. Se faire toiser comme des personnes qui « *ne s'assument pas* », qui ne vont pas « *jusqu'au bout de [ce que d'autres nomment] leur parcours* », voire comme des « *traîtres* », ce n'est pas admissible.

Parmi les vecteurs d'une discrimination assez éhontée, on trouve en bonne place les réseaux sociaux, qui permettent des expressions de dégoût ou de stigmatisation, sous couvert d'un anonymat un peu factice. Dans ces cas-là, la biphobie se cache derrière son petit doigt. Cette biphobie, on commence assez bien à la cerner, et on peut même en décrypter les mécanismes…

Mais cinq associations, Act Up-Paris, Bi'Cause, FièrEs, le MAG Jeunes LGBT et SOS homophobie, ont aussi tenu à inclure explicitement la panphobie – les rejets à l'encontre des personnes pansexuelles* – dans le champ de la première enquête nationale sur la biphobie. Nul doute que ses résultats « enrichiront » le Rapport annuel 2019 de SOS homophobie.

Bi'Cause inscrit depuis toujours dans ses statuts la lutte contre la biphobie, qu'elle a élargie l'an dernier en nommant clairement la panphobie. À notre sens, tout le mouvement LGBTQI+ doit ainsi marquer le respect envers toute personne qui se définit ainsi, et prendre comme telle toute auto-définition en matière d'orientation sexuelle et d'identité de genre.

Bi'Cause salue tout particulièrement l'enquête sur la biphobie, et le travail déjà mené, pour au moins trois raisons : d'abord c'est une grande première, ensuite elle est portée de manière interassociative, puis à l'issue, elle servira à tou·te·s personnes, associations, collectifs, organismes et institutions qui voudront faire reculer les discriminations.

* Une personne pansexuelle peut être attirée, sexuellement et/ou sentimentalement, par n'importe quelle autre personne, binaire ou non binaire, quels que soient son sexe ou son genre.

Vincent Viktoria STROBEL,
président·e de Bi'Cause

Transphobie
Quand la haine ne donne aucun répit

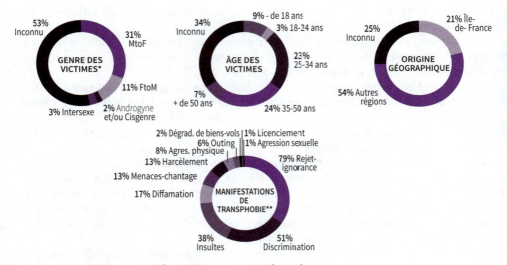

186 témoignages en 2017, correspondant à 171 cas, soit 11 % du total.

Les appels et messages liés à des cas de transphobie sont d'année en année plus nombreux. En effet, en 2017, SOS homophobie a reçu 186 témoignages, soit une augmentation de plus de 53 % comparativement à 2016 (121 témoignages pour 106 cas). Au regard des statistiques, le rejet de l'autre est un des principaux sujets, présent dans 79 % des cas rapportés. Viennent ensuite discrimination (51 %) et insultes (38 %). 13 % des victimes ont été menacées, quand 8 % ont été agressées physiquement, principalement par des hommes. Si 47 % des appels proviennent de personnes entre 25 et 50 ans, 9 % concernent des adolescent·e·s. Ce sont des âges charnières où ils et elles commencent à se poser de sérieuses questions sur leur identité, comme ce fut le cas pour Kenzo qui se sent garçon depuis toujours :

« Je commence à mal supporter le physique et l'aspect vestimentaire de fille que j'endosse chaque jour », nous confie-t-il, craignant aussi d'être rejeté par ses proches. Ou encore Andy qui est angoissé à l'idée de donner sa carte d'identité qui n'est pas encore à jour lors de ses premiers oraux de bac : *« Ça va être tellement gênant pour moi »*, craint-il.

* Le genre des victimes correspond à la manière dont chacun·e s'est défini·e. « Cisgenre » signifie que l'identité de genre de la personne concorde avec le sexe déclaré à la naissance, « MtoF » désigne le passage de l'identité d'homme à celle de femme (Male to Female), « FtoM » le passage de l'identité de femme à celle d'homme (Female to Male), « intersexe » caractérise une personne dont le sexe ne peut être strictement défini comme mâle ou femelle.

** Plusieurs manifestations peuvent être identifiées sur un cas. En conséquence, le total des manifestations est supérieur à 100 %.

Beaucoup d'obstacles rencontrés auprès de psychiatres nous ont été rapportés cette année. Réflexions blessantes, mauvais usage du pronom ou encore outing forcé face à tout un service hospitalier, autant de comportements difficiles à surmonter pour beaucoup de personnes. Comme a pu en témoigner Billie, sous le choc face à l'indiscrétion de son psychiatre qui a dévoilé son changement de genre à tout le personnel médical. Depuis, elle ressent des regards pesants et interrogatifs posés sur elle. Les témoignages nous rapportent une incompréhension totale des professionnel·le·s de santé qui manquent cruellement de formation et de tact pour suivre des personnes trans.

Ces agressions, parfois quotidiennes, qu'elles soient verbales ou non, subies par les personnes qui ont contacté SOS homophobie laissent des traces. Un mal-être est très souvent palpable, mais aussi une vraie colère chez certaines victimes. C'est souvent cette sensation

« Comme une bête de foire »

d'être pris·e pour un animal de foire qui fait naître cette exaspération, cette rogne. *« Je veux prendre une photo avec un trans! »*, dit un touriste dans la rue avant de prendre Gina par les épaules, faire un selfie sans son autorisation, puis partir en riant. Ou encore Danielle qui nous rapporte : *« Une folle m'est tombée dessus, insultante, d'une violence incroyable, voulant savoir si j'étais un homme ou une femme. Elle me touchait avec obscénité. »* L'espace public reste un lieu hostile, un environnement malveillant, avec ses rues et ses transports en commun où la peur des regards agressifs et haineux est difficile à supporter pour certain·e·s appelant·e·s. Le simple fait de prendre un train peut s'avérer être une véritable épreuve, comme Sam qui y a subi des moqueries et s'en retrouve

psychologiquement fragilisée, préférant rester chez elle alors qu'elle souhaiterait sortir plus fréquemment.

Les cas portés à l'attention de l'association attestent également de propos transphobes

« On aurait pas dû vous opérer »

sur les réseaux sociaux, les sites internet et les applications mobiles. Au même titre que les homosexuel·le·s et les bisexuel·le·s, les personnes trans subissent leur lot d'insultes et de menaces de mort, librement proférées sur la Toile. Comme les années précédentes, sous couvert d'un certain anonymat, les internautes se lâchent et se permettent commentaires haineux, proposition de thérapie, voire incitation à la haine. Alors que le chapitre sur la transphobie dans le rapport annuel 2013 de SOS homophobie insistait sur la nécessité de prendre en compte rapidement les propos transphobes dans le monde virtuel du Web avant que le phénomène ne prenne la même dimension que celle des propos homophobes, force est de constater que ce fait n'est plus une singularité des LGB. Cela s'est même étendu aux applications mobiles, qui, comme les commentaires d'articles ou les forums de discussions, manquent de médiation.

Il est inquiétant de constater que les témoignages sont en hausse constante depuis quelques années (63 en 2015, 121 en 2016, 186 en 2017). Cela traduit également une volonté de ne pas laisser tomber ces actes transphobes dans l'oubli, de ne pas les minimiser, mais au contraire de les dénoncer. Ces témoignages prouvent que la transphobie est un frein à l'épanouissement de chacun·e. Saluons le courage dont font preuve les victimes devant ces comportements stupides, honteux et violents.

Alors qu'elle se retrouve à l'hôpital pour une tendinite, Mélanie est auscultée par un chirurgien qui utilise plusieurs fois « monsieur » pour s'adresser à elle. Il finit par mettre fin à la consultation de façon très prématurée. Mélanie demande alors à voir le chef de service concernant cette attitude déplacée. Ce dernier lui répondra : « Vous comprenez, c'est pas facile. »

Après plusieurs mois de suivi relativement bon, les relations entre Fanny et son psychiatre se sont détériorées. En effet, il tient désormais des propos qui la heurtent, provoquant une souffrance et une colère vives chez Fanny. Le psychiatre passe du féminin au masculin ou bien lui dit : « On n'aurait jamais dû vous opérer. Vous étiez un homme fou. Maintenant vous êtes une femme folle. »

Les relations entre Jade et sa psychiatre sont catastrophiques : elle lance régulièrement des phrases telles que « c'est moi l'experte, c'est moi qui décide de votre parcours », *fait des généralités*, « on vous connaît tous [les trans] » *et la menace :* « Si vous n'êtes pas contente, vous n'avez qu'à aller en Thaïlande ! » *Jade est choquée :* « Je me sens en souffrance. Tout est vide. »

« Je me suis efforcé à être une fille en portant des robes, en ayant les cheveux longs... le plus gros mensonge de ma vie. Et ça fait tellement mal. » *Nicolas partage son mal-être et la délicate situation dans laquelle il se trouve.* « Je n'ai pas

Vicky est une femme trans qui a suivi son parcours de transition et dont les papiers sont à jour depuis longtemps. Elle nous appelle pour parler de son *« choc face à l'indiscrétion de [s]on psychiatre qui a dévoilé [s]on changement de genre au personnel médical »* et de *« la réaction éventuelle de l'assistante sociale qui en est aussi informée »*. Elle aimerait le rencontrer une dernière fois pour *« lui dire que ce n'est pas bien ce qu'il a fait »*. Concernant l'assistante sociale, cette dernière lui a dit qu'elle devrait aller *« dans un foyer pour personnes trans »*, or Vicky sait bien qu'il n'en existe pas. L'écoutant·e de SOS homophobie donne différents conseils à Vicky, qui le remercie. Elle se sent plus rassurée.

Deux mois plus tard, Vicky nous rappelle. Actuellement, elle vit dans un cabanon appartenant à son père, en forêt. Elle a trouvé un travail d'aide-soignante. Elle monte un dossier droit au logement opposable (DALO) avec une nouvelle assistante sociale très compréhensive. Vicky a également rencontré un homme, qui habite dans la région parisienne et qu'elle voit une fois par mois. Celui-ci lui a même présenté sa fille et est au courant de tout son parcours.

Ces deux appels illustrent la combativité et les ressources que Vicky a exploitées à merveille, qui lui offrent aujourd'hui une possibilité de relogement, un travail, une assistante sociale, un compagnon, l'envie de poursuivre une démarche psychologique. SOS homophobie lui propose différentes orientations possibles auprès d'associations LGBT+ situées dans sa région.

le courage de faire mon coming out à ma famille. Mon père est très fermé d'esprit concernant les sujets LGBT. » *Et alors qu'il a annoncé à sa mère qu'il était bi, sa réaction lui a déchiré le cœur :* « Je n'ai pas de problème avec ça tant que tu n'es pas la 4ᵉ lettre [de LGBT] », *lui répondra-t-elle.*

Baya est en conflit avec son ex-épouse pour la garde de leurs enfants car cette dernière estime que le fait que Baya soit transgenre empêcherait d'offrir un environnement familial protecteur. Baya est d'autant plus isolée que les membres de sa famille ont coupé les ponts suite à sa transition. Elle est seule affectivement et n'ose plus sortir de chez elle.

Maéva est victime de double discrimination : pour sa couleur de peau et pour son androgynie. Militante, elle a témoigné dans un documentaire réalisé par une association luttant contre les LGBTphobies, mais depuis, elle subit quotidiennement un harcèlement de la part de ses proches, et des menaces du voisinage qui la traite, entre autres, de « sale trav ». Elle se sent en danger et a peur que la situation dégénère en agression physique.

Aurélie, femme trans résidant dans la région lilloise, a entamé un parcours de transition et suit un traitement hormonal. Suite à une tentative de suicide, elle a été conduite par la police à l'hôpital où elle a été victime de discrimination et de transphobie : elle a été attachée, appelée par son prénom masculin et considérée comme une « bête de foire » par les soignant·e·s, qui se sont regroupé·e·s pour l'observer. Elle affirme également avoir été violentée par la police. Elle a cependant décidé de ne pas porter plainte. (Voir focus chapitre Famille.)

TRANSPHOBIE

Commerces et services
Les LGBTphobies en tête de gondole

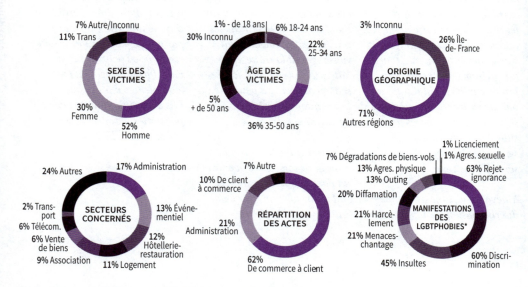

99 témoignages en 2017, correspondant à 86 cas, soit 6 % du total.

Les commerces et les services constituent un contexte souvent à la frontière de plusieurs autres : lieux publics, travail, voisinage, etc. C'est un contexte pluriel et complexe pour les

> « Je suis obligée de mettre "Mme" pour monsieur »

manifestations de LGBTphobies. Le nombre de cas en 2017 s'élève à 86, soit un peu plus qu'en 2016 où 80 cas nous avaient été rapportés. Ils représentent 6 % de l'ensemble des cas recensés en 2017.

D'un cas à l'autre, les manifestations de LGBTphobies sont différentes et multiples. Néanmoins, les discriminations ainsi que le rejet et l'ignorance sont très présents, comptabilisés chacun dans environ 60 % des cas. En troisième position arrivent les insultes qui sont rapportées dans 45 % des cas. Les personnes victimes d'homophobie ou de transphobie dans un contexte de commerce ou de service sont le plus souvent âgées entre 35 et 50 ans (36 % des cas) devant les 18-34 ans (28 % des cas) et les 50 ans et plus (5 % des cas). Notons que pour 30 % des cas SOS homophobie ne possède pas de précision quant à l'âge des personnes. Dans plus de 60 % des cas, ce sont les client·e·s qui sont victimes de commerçant·e·s. Mais de nombreux actes de LGBTphobies perpétrés par une administration (21 %), notamment les mairies ou équipes municipales, sont rapportés

* Plusieurs manifestations peuvent être identifiées sur un cas. En conséquence, le total des manifestations est supérieur à 100 %.

à SOS homophobie. Ces LGBTphobies sont très violentes psychologiquement. Des discriminations en provenance de ces entités publiques, s'apparentant à une non-légitimité

« Dégage d'ici, sale PD ! »

institutionnelle de ce qu'est la personne, sont très difficiles à vivre par les victimes. Un·e maire qui refuse que deux personnes de même sexe se marient dans sa mairie en brandissant différents prétextes revient à la négation du couple de la part d'un·e représentant·e de l'État, et de leur légitimité à exister. C'est en cela que les actes LGBTphobes perpétrés par le personnel des administrations publiques sont extrêmement graves. Aussi SOS homophobie appelle sans cesse à la vigilance du gouvernement et des représentant·e·s de l'État quant aux discriminations liées à l'orientation sexuelle et l'identité de genre. La sensibilisation de ses agents sur ces questions est capitale.

Cette négation n'est pas opérée uniquement par des administrations. De nombreux services n'incluent pas les personnes LGBT, qu'il s'agisse de formulaires d'inscription ou d'offres commerciales réservées à « *monsieur et madame* ». Cette absence de reconnaissance, même involontaire, rappelle aux personnes LGBT qu'elles ne sont pas acceptées pour ce qu'elles sont. Dans le cadre des commerces et des prestations de services, les LGBTphobies se traduisent aussi souvent par des refus de service, que ce soit l'entrée d'une boîte de nuit, d'un bar, d'un institut de beauté, ou d'un club de sport. C'est une situation spécifique à ce contexte qui peut s'accompagner d'insultes et de violences physiques. Dans de tels cas, les victimes se retrouvent prises à partie et exposées, elles éprouvent un sentiment de honte alors qu'elles

« Dans la nature, les animaux ne sont pas homos ! »

ne souhaitent rien d'autre que le même traitement que n'importe quel·le autre client·e.

Les témoignages reçus décrivent les difficultés que peuvent rencontrer les personnes LGBT au travers de plusieurs démarches concernant l'accès aux services (pratique d'un sport, achat d'un logement, travaux à y faire…) et les obstacles qu'elles doivent franchir pour obtenir les mêmes droits que les personnes hétérosexuelles et cisgenres.

Pas les bienvenu·e·s !

Medhi veut aller en boîte de nuit avec ses ami·e·s, mais le videur ne le laisse pas entrer : la boîte de nuit n'est « pas faite pour [lui] ». Quand il tente d'enregistrer les propos du videur avec son téléphone, ce dernier lui dit : « Donne-moi ton portable, sale PD, sinon je te casse le bras ! ».
Il le lui a donné, le videur l'a cassé. Medhi ira porter plainte le lendemain, ses ami·e·s témoigneront.

Alexandra se voit refuser l'accès à son club de sport une fois que le gérant apprend sa transidentité en voyant sa carte d'identité. Il lui parle alors en utilisant le masculin ainsi que le prénom inscrit sur la carte d'identité, et ce devant toutes les personnes présentes dans le club à ce moment-là. Elle se fait outer devant les adhérent·e·s. Pour terminer, il insiste pour qu'elle lui donne son poids, et se moque d'elle à ce sujet. Alexandra se sent profondément humiliée par ce qui s'est passé.

Jérémy danse dans une boîte de nuit non-LGBT de Rennes. Un client de la boîte de nuit s'approche, lui fait des avances, qu'il refuse. Environ 30 minutes plus tard, le videur de la boîte

Christophe a fait appel à un artisan pour faire des travaux dans son appartement parisien.
Il lui a payé la moitié de la facture au début des travaux, l'autre moitié devant être acquittée une fois ceux-ci terminés. Mais cela s'est mal passé et à la fin du chantier le parquet n'est pas fini, et l'eau courante n'est pas reliée à la douche et à la cuisine. Christophe refuse donc de payer la somme restante. Les conséquences sont catastrophiques : l'artisan, qu'il ne connaissait pas auparavant, se met à le harceler, lui demandant encore plus que la somme de départ. Il l'attend pendant des heures au pied de son immeuble, tentant même d'entrer plusieurs fois par jour.
Il lui laisse de violents messages de menaces (« Sale PD », « Je vais te faire la peau ») sur son répondeur comme à son interphone. Malheureusement, ne connaissant personne à Paris, il se sent isolé. Ce harcèlement lui a fait perdre le sommeil, il a été mis en arrêt-maladie par son médecin, et il a littéralement *« peur de [s]e prendre un coup de couteau dans l'escalier »* au vu des tentatives de forcing de son harceleur. Christophe finit par porter plainte et, dix jours plus tard, le harcèlement cesse.

....

vient le chercher et le jette violemment dans la rue sans qu'il ait pu récupérer ses affaires en lui criant : « Dégage d'ici, sale PD ! »

Julien et Florentin veulent s'offrir un massage. Ils prennent rendez-vous pour une séance en couple. Quand ils arrivent, la personne qui les reçoit leur dit : « Je m'attendais à avoir un homme et une femme, mais deux hommes, je ne fais pas. »

Fatima et Sophie veulent emménager ensemble. Un appartement leur plaît à toutes les deux, elles déposent leur dossier, mais le particulier le refuse sous prétexte qu'il ne prend pas de colocation, il ne veut pas comprendre que ces deux jeunes femmes sont en couple.

John et son petit ami font appel à un chauffeur VTC. Une fois dans la voiture, ils échangent un baiser. Dans la minute, le chauffeur s'arrête et leur demande de sortir : « Je ne veux pas de ça dans ma voiture ! »

Anne-Sophie se rend dans un institut de beauté, mais on lui refuse l'accès aux soins. L'établissement se dit exclusivement féminin, et n'accepte visiblement pas qu'Anne-Sophie soit une femme trans. Elle ressort de l'établissement écœurée.

Raphaël passe devant un bar à Toulouse. Le patron de l'établissement sort et lui hurle : « Pas de PD ici ! » Raphaël tente de garder son sang-froid et rappelle à l'homme ce qu'il encourt en vociférant ce genre de propos, à savoir que les insultes à caractère discriminatoire sont passibles de 6 mois de prison et de 22 500 € d'amende.

Un climat pas très friendly
Hachem et son mari veulent bénéficier d'une carte bancaire offerte par un supermarché. Au moment de remplir le formulaire, leur interlocutrice leur dit : « Je suis obligée de mettre "Mme" pour monsieur, il n'y a pas d'alternative proposée par le logiciel. » Le couple renonce à remplir le formulaire.

Hélène prend des cours de conduite. Tout se passe bien avec son moniteur, jusqu'au jour où il déclare : « Un enfant élevé par des homosexuels, c'est n'importe quoi. Forcément qu'il va devenir homosexuel ! Ils vont s'embrasser devant lui et il n'aura que ce modèle. Les deux hommes, ils vont se lécher le visage, ça va donner un mauvais exemple à l'enfant. On n'a pas le droit de faire ça aux enfants. Et puis dans la nature les animaux, ils ne sont pas homos ! » *Hélène, choquée par ces propos, continue la discussion pour tenter de le faire changer d'avis, mais il n'y a rien à faire. Il conclut en lui disant :* « J'espère que tu ne vas pas tomber là-dedans, toi. »

Morgane assume son expression de genre très masculine, et se définit comme butch. Elle est habituée des covoiturages. Un jour, en attendant son conducteur au lieu de rendez-vous, celui-ci ne s'arrête pas devant elle, prétextant chercher une fille et non un garçon. Tout le long du voyage, le conducteur la dévisage et lui fait remarquer plusieurs fois qu'elle ressemble fortement à un garçon. Il s'autorise à la tutoyer alors qu'il vouvoie les autres personnes du covoiturage. L'ambiance est pesante pour Morgane.

Juliette achète un ordinateur dans une grande enseigne de multimédia à Lyon. En sortant, le vigile lui fait signe de se rapprocher pour vérifier les sacs. Une fois arrivée devant lui, il lui demande : « Fille ou garçon ? » *Juliette est choquée, elle trouve cette question déplacée, le vigile ajoute :* « Non, parce que ce n'est pas évident. Vous savez, les cheveux, c'est la fierté de la femme. »

Patrick et Pascal se rendent dans une boucherie, à Paris. La bouchère, en les voyant, dit bien fort : « Deux hommes ? C'est plutôt bonjour madame et madame alors ! » *Elle rit et continue :* « C'est vrai, ça ! Vous êtes deux nanas ! » *Ils se sentent humiliés et paralysés par les rires et les regards des client·e·s présent·e·s.*

Jean-Pierre reçoit un appel pour une invitation à une découverte de produit, du vin pour monsieur et un sèche-cheveux pour madame. Il précise alors qu'il est marié avec un homme et qu'ils préféreraient n'avoir qu'une dégustation de vin, ce à quoi son interlocuteur répond avant de raccrocher : « Va te faire enculer, sale PD ! »

COMMERCES ET SERVICES

Famille, entourage proche
Quand le rejet supplante le soutien

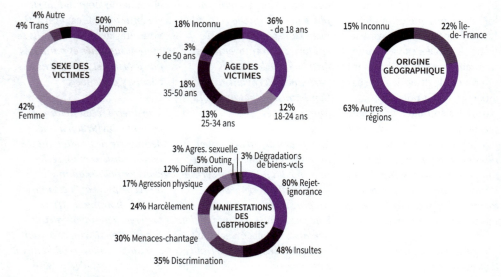

160 témoignages en 2017, correspondant à 149 cas, soit 10 % du total.

En 2017, le nombre de témoignages reçus concernant le contexte familial a nettement diminué : 160 témoignages pour 149 cas (- 30 % par rapport à 2016 et - 9 % par rapport à 2015). Et pourtant, leur tonalité ne change pas : les victimes ne se sentent pas, pour la plupart, moralement et physiquement en sécurité au sein de leur famille. Faut-il voir néanmoins dans la baisse du nombre d'appels un signe d'apaisement

« Tu comptais me le dire quand que t'es gouine ? »

dans les relations familiales des lesbiennes, gays, bi·e·s et trans après les années houleuses liées aux débats et au vote du mariage pour tou·te·s ? Il est difficile de se prononcer tant les échanges

et messages reçus démontrent le maintien de situations tendues, voire très violentes, subies par les appelant·e·s au sein de leur famille.

Globalement, les témoignages viennent de toutes les régions. La part de chacune apparaît liée à l'importance de sa population. Ainsi, 22 % des appels viennent d'Île-de-France. La région Hauts-de-France concentre la deuxième part la plus élevée, avec 5 % du total.

Jeune et LGBT : le choix entre silence et rejet au sein même de la famille

Une grande partie des appelant·e·s sont jeunes, voire très jeunes : 48 % ont moins de 25 ans, 36 % entre 13 et 18 ans, soit une

* Plusieurs manifestations peuvent être identifiées sur un cas. En conséquence, le total des manifestations est supérieur à 100 %.

proportion de mineur·e·s qui a progressé de 9 points entre 2016 et 2017 et de 13 points depuis 2015, tandis que celle des 18-24 ans a diminué. Contrairement à l'idée reçue, peu sont en questionnement par rapport à leur orientation sexuelle ou leur identité de genre.

Les jeunes LGBT mineur·e·s sont de fait confronté·e·s à un choix difficile entre le souhait, et surtout le besoin, de parler pour pouvoir être soi-même et la peur de se révéler auprès de leurs parents ou de leur entourage proche,

« Tu es malade, fais-toi soigner »

que certain·e·s sentent ou savent hostiles à l'homosexualité ou à la transidentité. Des paroles méprisantes, discriminantes, voire parfois violentes prononcées devant une émission de télévision ou lors de discussions familiales les mettent en alerte. Par exemple, face aux persécutions des personnes LGBT en Tchétchénie, les parents de Cynthia ont dit que c'était *« bien fait »* et qu' *« il devrait en être de même en France »*. Ils pensent que l'homosexualité est un effet de mode institué par la société. Les parents de Max disent qu'ils n'accepteraient jamais que leur fils soit *« PD »*, que ce n'est *« pas normal »*.

Les inquiétudes des jeunes concerné·e·s prennent de multiples formes : peur de ne plus être aimé·e·s, peur de se voir privé·e·s de ressources, peur d'être mis·es dehors, d'être mal jugé·e·s ou incompris·es. Pour beaucoup, ne pas parler est ressenti comme une négation de ce qu'ils et elles vivent et sont.

Cependant, leurs inquiétudes peuvent être fondées. C'est ce que semble – malheureusement encore trop souvent – démontrer la réalité vécue par ceux et celles qui ont osé parler. La plupart en effet subissent des réactions violentes, en premier lieu, dans plus d'un cas sur deux, de la part de leurs parents.

Très majoritairement, cela se traduit par le rejet (80 % des cas), des jugements dévalorisants, des insultes homophobes ou transphobes (dans 48 % des cas) : *« c'est contre-nature »*, *« c'est perverti »*. Pour un·e adolescent·e qui découvre son orientation sexuelle ou son identité de genre, les mots prononcés peuvent être très blessants : *« sale lesbienne »*, *« sale PD »*, *« tu comptais me le dire quand que t'es gouine ? »*, *« ma fille est morte à mes yeux »*. La religion intervient également dans les positions adoptées par les familles qui semblent considérer leur enfant comme maudit·e : *« tu vas aller en enfer »*, *« tu vas mourir bientôt »*…

Pour mettre fin à ce qu'ils considèrent comme une *« maladie »*, des parents tentent de *« guérir »* leur enfant, en le coupant de toute relation avec son ou sa petit·e ami·e ou en l'envoyant consulter un thérapeute. D'autres mettent en œuvre tous les moyens pour l'empêcher de voir ou d'être en contact avec son amoureux·se, en lui confisquant son téléphone, son ordinateur, ou en le changeant de lycée, comme ce fut le cas pour Sarah.

Exposé·e·s aux insultes et aux coups

Plus grave encore, certains parents frappent leur enfant : sur les 54 cas émanant de jeunes de moins de 18 ans, plus de 20 % font état de violences physiques par l'un des parents. Plusieurs jeunes témoignent de l'isolement dans lequel ils et elles se trouvent face à la *« méchanceté »* de leurs parents. Celle-ci est parfois contagieuse et c'est toute la fratrie qui malmène l'adolescent·e. Face à tant de mépris et de violence, quelques-un·e·s souhaitent fuir le domicile familial, certain·e·s envisagent le suicide. Ces attitudes et comportements de la part des parents, dont le rôle est aux yeux de la loi de protéger leurs enfants, sont d'autant plus difficiles à supporter que les jeunes sont en situation de dépendance vis-à-vis d'eux : pour leur logement, leurs études et tout simplement pour vivre au quotidien.

Dans tous les cas, attendre jusqu'à leur majorité dans le silence, le déni de soi, ou dans une atmosphère de brimades et de dévalorisation permanentes devient vite invivable pour ces jeunes. Pour les soutenir, SOS homophobie a mis en place une adresse dédiée : cestcommeça@sos-homophobie.org, et une équipe spécialisée dans l'aide et le soutien aux jeunes, pouvant les accompagner sur le long terme (par courriel). L'association oriente aussi les jeunes vers des lieux neutres, tels une maison des adolescents ou un point accueil écoute jeunes (PAEJ), gratuits et accessibles sans autorisation parentale, dans leur région, afin qu'ils et elles puissent trouver des espaces d'écoute bienveillante et sortir de leur détresse.

Des adultes soumis·es aux brimades et aux représailles de leurs proches

Les 18-24 ans qui contactent SOS homophobie ont plus souvent fait leur coming out. Certain·e·s ne vivant plus chez leurs parents disposent de plus de liberté, néanmoins ils et elles restent dépendant·e·s le plus souvent financièrement et affectivement de leur famille. Ils et elles subissent de la même façon le rejet et la pression de leurs parents ou de leurs ami·e·s.

En effet les personnes homosexuelles ou trans ne sont pas pour autant libres de vivre leur vie amoureuse dans la sérénité et le respect. Malgré les évolutions favorables du cadre légal, la haine et l'ignorance continuent de frapper au sein même du cadre familial ou de l'entourage proche.

Un tiers des appelant·e·s ont plus de 25 ans. Et plus d'un·e sur cinq a entre 35 et 50 ans. Qu'ils et elles assument et vivent leur orientation sexuelle ou leur identité de genre depuis plusieurs années ou au contraire qu'ils et elles viennent de se découvrir homosexuel·le·s ou trans, ils et elles ne sont pas à l'abri du rejet, des menaces et de la violence de leurs proches : parents, frère, sœur, ex-compagnon ou ex-compagne, beau-frère ou belle-sœur... Les adultes qui contactent SOS homophobie sont plus encore que les jeunes confronté·e·s à des menaces et des passages à l'acte violents. Agressions physiques, harcèlement, menaces d'outing, diffamation, chantage vis-à-vis de leurs enfants, les actes prennent fréquemment la forme de punition ou de représailles, notamment de la part des conjoint·e·s séparé·e·s. Les appelant·e·s sont touché·e·s en général là où ils et elles se révèlent plus fragiles : auprès de leurs enfants ou dans leur vie professionnelle.

Une jeune femme internée en hôpital psychiatrique et placée sous curatelle par sa famille, un homme insulté par son père, un autre rabaissé par son ex-épouse devant ses enfants, une femme qui ne peut pas présenter sa compagne à ses enfants tant elle craint la violence de son ex-mari : les situations confiées à SOS homophobie par les adultes se révèlent parfois dramatiques, et montrent que de nombreux·ses appelant·e·s sont en réel danger. Certain·e·s expriment à la fois le besoin d'être entendu·e·s dans leur souffrance, mais aussi d'être conseillé·e·s dans leurs démarches auprès de la police et/ou de la justice. SOS homophobie peut leur donner les coordonnées d'avocat·e·s spécialisé·e·s et attentifs·ves à ces problématiques.

Jeunes LGBT : quand la famille devient maltraitante
Eloïse a 16 ans, elle appartient à une famille catholique et proche de la Manif pour tous. Elle se sait bisexuelle et doit se cacher, ce qui lui pèse. « Dans ma famille, il n'y a qu'un seul homosexuel (du moins un seul qui a osé s'affirmer), il a été exclu et n'a plus aucun contact avec nous. J'ai peur que si je l'annonce à mes parents, je sois exclue aussi. J'ai demandé à ma mère pourquoi ils ne l'acceptaient pas, elle m'a répondu qu'ils ne critiquaient pas sa personne

Aurélie est une femme trans résidant dans la région lilloise. Après avoir vécu une enfance difficile, subi des insultes au collège, s'être retrouvée à la rue et s'être prostituée, elle vit désormais en couple avec un homme depuis cinq ans. Elle a entamé un parcours de transition et suit un traitement hormonal. Elle a engagé une procédure de changement d'état civil avec l'aide d'une avocate, mais en attendant que ses papiers soient modifiés, elle rencontre des difficultés dans ses démarches administratives, notamment dans sa recherche d'emploi.

Suite à une tentative de suicide, elle a été conduite par la police à l'hôpital à Lille où elle a été victime de discrimination et de transphobie : elle a été attachée, appelée par son prénom masculin et considérée comme une « bête de foire » par les soignant•e•s qui se sont regroupé•e•s pour l'observer, ce qui l'a choquée. Elle indique également avoir été violentée par la police. Elle a cependant décidé de ne pas porter plainte. Aurélie aurait dû être opérée quelques jours plus tôt à Lyon, mais elle n'y est pas allée car sa famille, et en particulier sa mère, a essayé de la faire changer d'avis. N'ayant pas été opérée, elle a scarifié son pénis. Sachant qu'elle devra reprendre rendez-vous pour se faire opérer à Lyon et qu'elle n'a que peu de ressources, Aurélie reproche à son compagnon de ne pas la soutenir, elle qui a pourtant été là pour lui pendant plusieurs années. Ce compagnon a de son côté trouvé un travail et semble désormais avoir une vie sociale. Aurélie nous parle également du rejet de son propre frère qui, à chacune de ses visites, lui impose de s'habiller en homme et de se démaquiller, ce qu'elle fait à contrecœur. Elle est très en colère contre sa famille. Aurélie, qui est sans emploi, vit recluse, n'a aucune vie sociale et exprime des idées suicidaires.

Naouel, ado âgée de 16 ans, habite dans la métropole lyonnaise. Amoureuse depuis six mois de Sarah, du même âge, il leur est aujourd'hui impossible de se voir. Si, au sein de sa propre famille, son orientation sexuelle ne pose pas de problème, au sein de la famille de son amie ce n'est pas du tout la même chose. Sarah ayant été menacée d'être dénoncée à sa famille par un·e autre élève du lycée, elle a préféré prendre les devants en faisant son coming out. Depuis, elle vit un véritable calvaire. Sa famille l'a fait changer de lycée, lui interdit de voir et de parler à Naouel, lui a confisqué son téléphone portable et Sarah se fait maltraiter par son frère âgé de 15 ans qui la frappe. Naouel a peur que son amie fasse une tentative de suicide.

Loïc, 18 ans : « Mon cousin ne supporte absolument pas les personnes ayant la même orientation que moi, […] et semble me mépriser simplement parce que je suis gay. Il a 17 ans. Nos relations se sont dégradées et son regard vis-à-vis de moi a changé. J'arrive à parler avec lui mais il devient vite nerveux et démarre au quart de tour, en disant que les gays ne devraient pas exister, et que je ne mérite pas de

en soi, mais ils n'approuvaient pas *"son choix"*. Quand j'étais en sixième, ils m'ont emmenée deux fois à la Manif pour tous. À l'époque je ne comprenais pas les enjeux derrière cette manifestation et je pensais que c'était quelque chose de bien, mais maintenant je comprends qu'ils m'imposaient une opinion qui est contre mes valeurs. »

porter le même nom de famille que lui. »

Arthur, bientôt 17 ans, vit dans les Hauts-de-Seine. Il a été exclu de chez lui par ses parents après son coming out et s'est retrouvé à la rue. Après jugement, il est maintenant sous tutelle de l'État. Hébergé dans un foyer d'urgence, aux règles strictes, il a subi des violences homophobes de la part des autres personnes hébergées et même une tentative de viol par un des encadrants. Il vient de fuguer et ne sait plus quoi faire.

Simon, 25 ans, vit seul à Nantes pour ses études. Il a fait son coming out auprès de ses parents il y a quinze jours et s'est heurté à des insultes particulièrement dures : «PD», «va te faire enculer». Ils lui ont dit qu'ils ne le mettraient pas à la porte mais qu'ils n'accepteraient jamais. Ses parents vivent dans une petite ville du Finistère. Il les décrit comme «pas ouverts d'esprit et craignant le regard des autres». Il a une sœur avec qui les choses se passent mieux. Elle lui a dit : «Je suis déçue mais je t'accepte tel que tu es.» Il a peur que ses parents se retournent contre elle car elle le soutient. Ses parents l'ont appelé depuis pour lui demander de revenir chez eux car, d'après Simon, ils sont convaincus qu'ils pourraient le «guérir» s'il revenait. Il a accepté de les revoir, mais l'accueil ayant été très froid il est vite reparti. Ils menacent également de ne plus l'aider financièrement.

Adultes LGBT menacé·e·s

Christophe est un homme gay de 39 ans, habitant en Charente-Maritime. Il est agriculteur. Il a fait son coming out et s'assume très bien. Il est néanmoins victime de paroles et d'injures homophobes répétées de la part de son père telles que «va te faire enculer, sale PD», «t'es un malade». Ce dernier l'a même frappé à plusieurs reprises. S'en sont suivis vingt jours d'interruption temporaire de travail pour une fracture du nez. Le père avait aussi promis à son fils la somme de 150 000 euros par écrit, mais à la condition que celui-ci ait un enfant «par voie normale et naturelle». Le père considère l'homosexualité de son fils comme une maladie et veut qu'il se fasse soigner.

Eric, 45 ans, nous appelle car son ex-femme prévoit de venir le lendemain sur son lieu de travail pour annoncer qu'il est homosexuel et séropositif. Ils sont en procédure de divorce. Quelques jours auparavant, quand il lui a téléphoné pour lui dire qu'il ne pourrait pas lui verser une pension alimentaire aussi élevée que prévu, son ex-femme s'est mise en colère, l'a traité de «gros PD» et lui a dit : «Tu t'es fait mettre des bites dans le cul par d'autres.» Craignant d'être outé par sa femme, Eric est bouleversé. Patron d'une entreprise familiale en Lozère, il travaille dans un milieu rural où tout le monde se connaît : «J'ai peur du regard des autres. Quand ils sauront que je suis séropositif...»

Farida est une femme lesbienne musulmane résidant dans les Bouches-du-Rhône. Elle nous appelle presque en pleurs à cause de l'homophobie de ses parents et de ses ami·e·s. Depuis quelques mois, elle sait qu'elle est lesbienne et en a parlé à ses ami·e·s. Au début, ils et elles semblaient bien le prendre, mais petit à petit les insultes sont apparues, de plus en plus violentes : «Sale lesbienne», «sale homo», «tu vas mourir bientôt», «tu vas aller en enfer», «tu n'auras jamais d'enfants», etc. Sa meilleure amie lui dit qu'elle est «malade». Elle a essayé de leur parler mais rien n'y fait. Son père l'a reniée, sa mère ne lui parle plus, ses frères l'ignorent encore, et Farida craint leur réaction.

Internet
Les réseaux de la colère

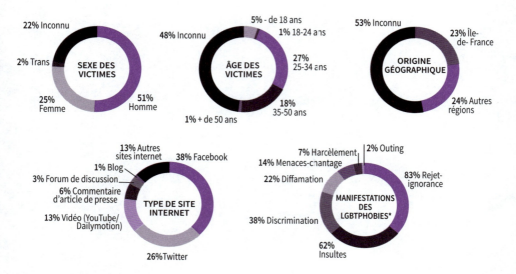

348 témoignages en 2017, correspondant à 326 cas, soit 22 % du total.

En 2017, SOS homophobie a reçu 348 témoignages relatifs au contexte Internet, contre 324 l'année précédente. Cette tendance stable ne doit pas masquer l'étendue des contenus haineux sur Internet. Les cas signalés ne représentent qu'une infime partie des propos LGBTphobes en ligne. Il suffit de taper «PD», «gouine» ou «travelo» sur les principaux réseaux sociaux pour le constater.

Facebook et Twitter représentent à eux seuls 64 % des signalements reçus en 2017 par SOS homophobie. Rien d'étonnant puisque les deux réseaux sociaux regroupent respectivement 33 millions et 15,6 millions d'utilisateurs et utilisatrices actifs et actives en France[1]. Largement intégrés dans les usages quotidiens, ils facilitent une expression décomplexée dont l'enjeu principal est la viralité. Les débats en ligne sont le théâtre de

« Comment vous pouvez soutenir un gay »

propos intolérables où la surenchère semble être la règle. Dans les commentaires en réaction à des actualités impliquant des personnes LGBT, lire des propos homophobes, biphobes ou transphobes semble incontournable. C'est d'autant plus insupportable lorsque ces propos

* *Plusieurs manifestations peuvent être identifiées sur un cas. En conséquence, le total des manifestations est supérieur à 100 %.*

[1] *Chiffres des utilisateurs des réseaux sociaux en France et dans le monde en 2018, par l'agence Tiz.* https://www.tiz.fr/utilisateurs-reseaux-sociaux-france-monde/

font suite à des actualités dramatiques. Par exemple, on a pu lire sur Facebook après la mort de Xavier Jugelé, tué lors d'un attentat : « *Bonne nouvelle, le flic assassiné hier était en fait une grosse jaquette.* » Il y a aussi eu les messages se réjouissant ouvertement des persécutions des homosexuel•le•s en Tchétchénie.

Cette année, de nombreuses vidéos ont également été signalées (13 % des cas contre 5 % en 2016). On y retrouve des propos homophobes ou transphobes, des théories complotistes mais aussi des *pranks* (« farces » en français) dont le ressort est de faire croire à des proches que l'on est homo et de filmer leurs réactions.

« Le PD, tu vas me parler autrement »

La plupart du temps sans intention malveillante, ces canulars se basent sur l'idée qu'une telle annonce choquera l'entourage. Ce type de logique laisse entendre que révéler son homosexualité ou sa transidentité est quelque chose de honteux. Le message pour le jeune public qui est la cible principale de ces vidéos est désastreux…

Ce sont d'ailleurs le rejet et l'ignorance qui sont les manifestations les plus récurrentes des LGBTphobies répertoriées dans nos témoignages (83 % des cas). Suivent de près les insultes (62 %), qu'elles soient complètement banalisées au détour d'un tweet (« *Ils ont eu la neige en plus, ces PD* »), ou utilisées consciemment pour blesser et rabaisser. Sur un groupe Facebook destiné à aider les personnes en dépression, un utilisateur déclare à un autre : « *Heu le PD tu vas rentrer ta queue dans ton froc et me parler autrement. […] Alors va sucer des queues et ferme ta grande gueule.* » Il y a une légère augmentation des cas de harcèlement qui restent des situations douloureuses pour les victimes. Le cyber-harcèlement confère un sentiment d'insécurité constant et une intrusion insupportable dans sa sphère privée, sans espace de sécurité.

Peut-on vraiment rire de tout ?

Parmi les actualités qui ont beaucoup fait parler sur la Toile en 2017, on ne peut pas passer à côté de la polémique Cyril Hanouna, suite à la diffusion d'un canular homophobe et biphobe dans son émission. La mobilisation a été forte sur les réseaux sociaux pour dénoncer cette séquence qui, en plus d'humilier des hommes gays, enchaînait les clichés de mauvais goût sur l'homosexualité. Des milliers de personnes se sont émues de cette scène d'homophobie et l'ont clairement exprimé sur les réseaux sociaux, permettant la remise en question de l'animateur de C8, le désengagement des marques de son émission et une sanction exemplaire du CSA. Mais ces accusations ont entraîné en retour une vague de soutien à Cyril Hanouna, parfois de la part de personnes ne comprenant pas le mal de la séquence, mais aussi par d'autres qui exprimaient une homophobie décomplexée. Les associations

« C'est la liberté d'expression ! »

qui ont dénoncé publiquement l'animateur, dont SOS homophobie, se sont vues apostrophées sur les réseaux sociaux. C'est le cas du Centre LGBT de Paris qui nous a signalé avoir reçu sur sa page Facebook à la suite de cette affaire des messages tels que : « *bande de PD* » ou encore « *les homos ne méritent pas de vivre* ».

Comme à chaque polémique de ce genre, la liberté d'expression s'est retrouvée au cœur des débats. Rappelons que celle-ci est encadrée par la loi et n'autorise pas à tenir des propos injurieux, diffamatoires ou incitant à la haine. Pourtant, avec le droit de rire de tout ou le second degré, elle est régulièrement invoquée pour dédouaner

Tweet signalé à SOS homophobie

des comportements ou propos véhiculant des clichés et participant à la banalisation des LGBTphobies. Des discours dangereux dans un climat où les stéréotypes sont encore la source de discriminations et d'agressions envers les personnes LGBT. Ils participent à fixer dans les esprits le fait qu'être homo, bi, trans ou intersexe est une raison en soi d'être moqué·e et ridiculisé·e. Dans la même logique, il paraît normal au magazine *So Foot* de tweeter une insulte homophobe, sous prétexte d'un hommage au dirigeant du MHSC, club de football montpelliérain, Louis Nicollin (cf. illustration).

SOS homophobie a dénoncé ce tweet et pris contact avec les équipes de *So Foot*, qui nous ont indiqué leur incompréhension, justifiant ces propos par le second degré. Occultant la discrimination très présente dans le milieu sportif et la portée de leur message, *So Foot* ne se rendait pas compte que, sans contextualisation, ce type de propos représente un danger d'interprétation au premier degré et de banalisation de l'homophobie, notamment pour les plus jeunes.

Ne plus accepter l'intolérance et la haine

Le travail de pédagogie reste important pour faire comprendre que la banalisation de propos ou de comportements LGBTphobes a des conséquences réelles sur les discriminations que subissent encore les personnes LGBT. SOS homophobie constate tout de même que les problématiques autour des discours de haine sur Internet semblent commencer à questionner et à être prises au sérieux. Les internautes qui nous contactent ont souvent fait la démarche de signaler les contenus directement auprès des plateformes qui se montrent plus efficaces dans leur traitement.

Mais les dispositifs de signalement ne peuvent être la seule solution. Il est irréaliste de penser que l'on pourra éliminer du Web tout discours haineux. Il est nécessaire d'éduquer afin de donner les clés de compréhension pour identifier les contenus haineux et éviter qu'ils ne soient intégrés comme faisant partie du paysage. Il est indispensable de faciliter l'accès aux outils de signalement existants pour que chacun·e, à son échelle, puisse agir et aider à limiter la diffusion des messages véhiculant la haine. Enfin, il est primordial de contrebalancer la haine avec des discours positifs, d'investir véritablement les espaces d'expression en ligne pour les rendre plus accueillants et bienveillants.

Les nouveaux outils de communication et usages d'Internet permettent aux internautes d'inventer de nouvelles façons de se mobiliser et de faire entendre des voix jusqu'alors minoritaires ou étouffées dans le bruit médiatique. Les « minorités » sont de plus en plus promptes à s'unir pour dénoncer des pratiques intolérables. Les initiatives telles que #Metoo et #Balancetonporc sont à ce titre des exemples phares de 2017 et montrent qu'un changement est sans doute en train de s'opérer.

Début 2017, Newtiteuf, jeune youtubeur suivi par plus d'un million d'abonné·e·s sur sa chaîne de jeux vidéo, décide de faire son coming out dans une vidéo intitulée « Je suis gay ? ». Au milieu des nombreux messages d'encouragement et de soutien, des commentaires homophobes insultants dont voici quelques exemples : « T'es gay ? Omg je me désabonne ! », « nique-toi, sale pédale », « -1 abonné c mal ça c une abomination aux yeux de Dieu », « na...na... na... t'es homophobe mais fermez vos gueules bande de boloss, comment vous pouvez soutenir un gay ».

Paul navigue dans ses abonnements YouTube. Il clique sur la vidéo de LuckyTwo, un jeune homme de 20 ans qui propose des tutos maquillage. Un garçon adorable, qui assume pleinement son homosexualité sur les réseaux sociaux. Paul a toujours été étonné par la quasi-absence de commentaires haineux sous ses vidéos. Mais aujourd'hui c'est le déferlement. Au moins cinq comptes différents ont posté plusieurs commentaires à la suite contenant la seule insulte « PD ». En parcourant les commentaires, Paul en voit d'autres allant avec « tu suces des bites » et autres du même genre. D'autres insultent celles et ceux qui défendent le youtubeur. Paul a signalé tous ces utilisateurs à YouTube et espère que la plateforme va agir. Pourtant habitué aux commentaires pleins de haine sur les publications Facebook qui traitent de sujets LGBT, pour la première fois, Paul a senti le besoin de signaler cet outrage.

Bernard est à bout de nerfs. Il est harcelé depuis maintenant plus de trois ans. Ses harceleurs polluent la page de son association sur Facebook avec des insultes homophobes et des propos diffamatoires, le menaçant de diffuser des photos et vidéos intimes de lui et son compagnon.

Joachim nous alerte sur la publication d'un article rempli de clichés sur le site d'une entreprise qui vend des logiciels espions pour PC. Dans cet article, l'argument principal pour promouvoir le fameux logiciel est qu'il permet de « savoir si [son] fils est gay » ! L'article indique qu'il y a des « indices » qui permettent de supposer que son fils est gay tels que : « son hygiène de vie est irréprochable », « il s'est fait percer une boucle d'oreille à droite, ou un piercing à l'arcade », « les chanteuses divas sont une de ses passions ». Mais, toujours selon cet article, pour en être vraiment sûr : « Espionner un ordinateur est votre arme la plus puissante pour obtenir suffisamment de preuves concrètes afin de savoir si votre fils est gay ou pas. » L'auteur va encore plus loin en stipulant qu'« il est inutile de se voiler la face, [...] s'il est attiré par les hommes, vous pourrez dire adieu à d'éventuels petits-enfants ». Mais il tempère tout de même son propos en invitant les parents à accepter leur enfant comme il est, « il n'a pas choisi son orientation sexuelle », avant de conclure : « Tant qu'il ne se met pas à devenir maniéré ou à se mettre du fard à paupière, il est aussi normal qu'un autre ado du même âge. » Ouf ! Largement critiqué sur les réseaux sociaux, l'article a été supprimé du site de l'entreprise.

Fabien dénonce la publication sur le site SensCritique d'une liste des « meilleures punchlines homophobes » qui recense des phrases homophobes et transphobes issues de chansons de rap français parmi lesquelles : « T'as froid dans le dos quand un travelo te dit "vas-y viens", car tu sais que l'homme ne naît pas gay mais qu'il le devient », « Faut que j'défouraille la honte des Noirs de la Ferme Célébrités ma couille, boom boom sur Vincent Mc Doom », ou encore « Envie d'lapider les chbebs, et d'exciser les lesbiennes, veuillez excuser ces idées malsaines ». *À noter que le site commence par des remerciements aux « hétéros sapiens » qui ont contribué à la compilation de cette liste…*

En cherchant des synonymes, Alice a été étonnée de voir le terme « homosexualité » associé à « inversion » sur le site Synonymes.com. Elle a alors décidé de regarder les synonymes que le site indiquait pour « homosexualité » et n'a pas été déçue. En plus d'« inversion », on retrouve les termes « pédérastie » et « pédophilie » !

Yasmine cherche une colocation. Elle tombe sur le site Locservice.fr. Au moment de créer sa page avec ses préférences concernant son ou sa futur·e colocataire, après lui avoir demandé si elle acceptait un·e colocataire fumeur ou quelqu'un avec des animaux, le site souhaite qu'elle indique si l'orientation sexuelle de son colocataire lui est indifférente ou si elle souhaite qu'il ou elle soit hétérosexuel·le. Yasmine est choquée par cette demande et ne sait pas où se tourner pour dénoncer les pratiques de ce site.

Connecté sur le TS (TeamSpeak, logiciel d'audioconférence sur Internet largement utilisé par les personnes jouant à des jeux vidéo en réseau) de son ami, Emile s'est fait insulter violemment par un autre joueur : « PD de merde », « va sucer des chibres ailleurs », « toi, la République française, tu aimes bien quand elle te la met profond ».

Plusieurs hommes ont été victimes d'agressions par un groupe de trois à cinq jeunes dans une petite ville du Sud-Ouest de la France, toujours avec le même mode opératoire. Après avoir posté une fausse annonce sur un site de rencontres, les agresseurs fixent un rendez-vous avec leur victime à l'extérieur de la ville. À son arrivée, les agresseurs font subir des violences à l'homme tombé dans leur piège, lui volent argent et carte bleue et le menacent de nouvelles violences s'il porte plainte. Heureusement, la police a identifié ces agresseurs mais certaines victimes n'osent pas porter plainte de peur d'être outées dans leur ville.

Après une altercation avec des personnes transphobes sur Facebook, Delphine a vu son compte bloqué à la suite d'un signalement pour fausse identité. Militante trans, Delphine utilisait sur Facebook son prénom d'usage féminin et ne souhaitait pas afficher son nom de famille pour ne pas mettre ses proches en danger avec ses prises de position féministes et LGBT d'une part, et pour que son entourage professionnel ne puisse pas la retrouver d'autre part.

Après la fermeture de son compte par Facebook, Delphine s'est retrouvée dans l'impossibilité de pouvoir justifier l'identité qu'elle utilisait sur ce réseau car elle n'avait aucun document officiel avec son prénom d'usage, n'ayant pas encore réalisé son changement d'état civil, et son nom de famille puisqu'elle ne souhaitait pas l'utiliser officiellement. Elle n'a donc pu récupérer son compte qu'en indiquant vouloir utiliser son prénom masculin et son nom de famille. Ce faisant, Delphine a dû subir un outing très violent, des personnes se moquant d'elle en commentaires de ses publications. C'est seulement grâce à l'intervention d'une association LGBT que Delphine a pu retrouver l'usage de son compte Facebook avec son prénom féminin. Ces événements ont poussé Delphine à cesser de militer publiquement.

La parole à... Mike FEDIDA

Seriously, un projet issu d'une démarche collaborative

Initié au lendemain des attentats de janvier 2015 à Paris, le projet Seriously vise à endiguer la dynamique haineuse qui prospère dans nos sociétés et qui trouve un ferment particulier sur Internet. Fort de son expertise sur le numérique, le think tank Renaissance numérique a souhaité participer, à son échelle, à la recherche de solutions en développant et en mettant en œuvre la méthode. Pour ce faire, il s'est entouré d'un écosystème partenaire composé de chercheurs, chercheuses et associations de défense des droits, spécialistes de ces enjeux. Cette démarche collaborative s'est notamment matérialisée par : des ateliers de co-construction de Seriously (mars 2016), la constitution d'instances de gouvernance (octobre 2016), ou encore les expérimentations de cellules de riposte citoyenne en ligne (janvier, mai 2017).

Un outil et une méthode au service de la société

Seriously est à la fois une plateforme numérique, www.seriously.ong, et une méthode d'accompagnement qui permet, grâce à l'argumentation, de pacifier les échanges en ligne. Complémentaire aux outils de signalement, Seriously propose un parcours en trois étapes :
- La qualification des propos.
- La proposition d'un support argumentaire et comportemental.
- L'illustration avec des ressources adaptées à la discussion en ligne.

Vers une version pour l'éducation

Le projet Seriously est en constante évolution. Alors que le premier versant du projet était principalement destiné à accompagner les associations et les corps intermédiaires (éducateurs, médiateurs, etc.) pour les sensibiliser aux actions en ligne, le think tank souhaite désormais s'adresser en 2018 à un nouveau public, les jeunes, en mettant l'accent sur le versant éducatif de son projet.

2015-2017 : premier bilan de Seriously

Après deux années de travail dédiées à concevoir la première version de l'outil, à effectuer les premières expérimentations et à structurer son écosystème partenaire, le think tank Renaissance numérique a lancé officiellement son projet le 10 juillet 2017. À cette occasion, Renaissance numérique a publié une note et une infographie, « Agir face à la haine sur Internet dans une société collaborative[1] », afin de contextualiser le positionnement du projet et de décrypter les contours de ce phénomène complexe, devenu problème de société majeur.

Seriously en chiffres, c'est :
- 20 000 utilisateurs uniques sur la plateforme www.seriously.ong ;
- 265 rencontres avec les acteurs de la société civile et les représentants institutionnels ;

1- Note « Agir face à la haine sur Internet dans une société collaborative », Renaissance numérique (juillet 2017). Disponible sur : http://www.renaissancenumerique.org/system/attach_files/files/000/000/128/original/Note_Seriously_Juillet2017.pdf?1499691042
- Infographie « Agir face à la haine sur Internet dans une société collaborative », Renaissance numérique (juillet 2017). http://www.renaissancenumerique.org/system/attach_files/files/000/000/129/original/Seriously_Infographie_Juillet2017.pdf?149969104

- 14 présentations publiques dans des événements dédiés à la thématique ;
- 12 actions de sensibilisation et de formation auprès des associations et des étudiants ;
- 1 reconnaissance académique au niveau international[2].

À propos de Renaissance numérique

Renaissance numérique est le think tank de la société numérique. Il réunit les grandes entreprises d'Internet et des autres secteurs de l'économie en mutation, des entrepreneurs, des chercheurs et universitaires ainsi que des représentants de la société civile, pour participer à la définition d'un nouveau modèle économique, social et politique issu de la révolution numérique. Il regroupe aujourd'hui une cinquantaine d'adhérents, amenés à faire vivre la réflexion numérique partout sur le territoire. www.renaissancenumerique.org - @RNumerique

Mike FEDIDA,
responsable du projet Seriously.ong pour Renaissance numérique

---

[2] *Seriously identifié parmi les meilleures pratiques de contre-discours sur Internet dans le rapport de l'OSCE "Countering Violent Extremism and Radicalisation that Lead to Terrorism: Ideas, Recommendations, and Good Practices from the OSCE Region" (septembre 2017). Disponible sur : http://icsr.info/wp-content/uploads/2017/09/Countering-Violent-Extremism-and-Radicalisation-that-Lead-to-Terrorism.pdf*

Justice-Police-Gendarmerie
Flagrants délits de LGBTphobie

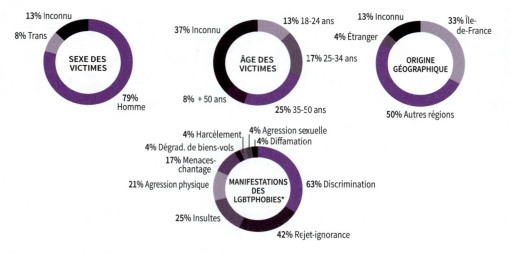

39 témoignages en 2017, correspondant à 24 cas, soit 2 % du total.

En 2017, 24 cas relatant des faits homophobes, biphobes ou transphobes de la part de policier·e·s et gendarmes ou de membres de l'institution judiciaire ont été recueillis via notre ligne d'écoute ou par mail – un chiffre qui demeure stable par rapport à 2016 où 26 témoignages avaient été collectés. Ces faits LGBTphobes concernent majoritairement des hommes jeunes. Cette année encore, il paraît donc nécessaire de rappeler que, conformément à l'article 432-7 du Code pénal, le fait pour un policier, un gendarme ou toute personne dépositaire de l'autorité publique de pratiquer une discrimination envers un·e usager·e du service public en raison de son orientation sexuelle ou de son identité de genre ayant pour effet de le/la priver du bénéfice d'un droit accordé par la loi constitue une infraction passible de cinq ans d'emprisonnement et de 75 000 euros d'amende. Cette obligation absolue d'impartialité est en outre rappelée dans le Code de déontologie commun à la police nationale et à la gendarmerie.

« Vous avez des problèmes avec les femmes ! »

Comme SOS homophobie le dénonce chaque année, des représentant·e·s des forces de l'ordre expriment leur LGBTphobie par leurs actions et/ou comportements : violences physiques, insultes, menaces, refus

* *Plusieurs manifestations peuvent être identifiées sur un cas. En conséquence, le total des manifestations est supérieur à 100 %.*

d'enregistrer une plainte ou d'en retenir la spécificité LGBTphobe… Autant d'exemples qui caractérisent des attitudes et des agissements discriminants de la part de ceux et celles dont la mission première est pourtant de soutenir et de protéger les victimes.

Dans ce contexte, plusieurs victimes ont nécessité un suivi important et au long cours de la part de SOS homophobie. Certaines d'entre elles ont, en effet, besoin de temps pour comprendre les raisons et les conséquences des violences qu'elles ont subies. Selon leurs mots, ces traumatismes sont plus prégnants lorsque les agresseur·e·s sont des représentant·e·s des forces de l'ordre et de la justice. « *J'y pense sans cesse. Une sirène de police ou une voiture de police me stressent beaucoup plus qu'auparavant* », explique un jeune gay, victime d'une arrestation musclée et d'une garde à vue humiliante.

Plaintes en souffrance

Les témoignages continuent d'évoquer des policier·e·s ou gendarmes refusant d'enregistrer la plainte malgré l'obligation prévue par le Code de procédure pénale (art. 15-3), comme si les personnes LGBT traînaient, à leurs yeux, une sorte de suspicion permanente. Ainsi Axel, jeune gay parisien venu déposer plainte dans son commissariat d'arrondissement, y est violemment confronté lors de sa déposition. L'agente lui explique qu'il a « *des problèmes avec les femmes* ». Ces comportements inacceptables existent également au sein de la justice.

De même, les circonstances aggravantes liées au caractère LGBTphobe d'une agression peuvent être rejetées lors du dépôt de plainte. Policier·e·s et gendarmes sont même fréquemment surpris·es de la nécessité de mentionner cette qualification ! Ainsi, un jeune homme victime d'insultes homophobes devient l'objet de moqueries au sein du commissariat dans lequel il s'est rendu pour voir requalifier son agression. Les agent·e·s tenteront même de décrédibiliser son témoignage en l'accusant d'être en état d'ébriété !

LGBTphobie hors les murs

De nombreux comportements LGBTphobes sont relevés dans le cadre d'interpellations ou lors d'interventions extérieures. On se souvient de l'arrestation violente de Théo, en février 2017 en banlieue parisienne. Une vidéo a été prise pendant cette arrestation, sur laquelle il est possible d'entendre distinctement des policiers crier des propos homophobes lors de l'interpellation du jeune homme. De quelle manière ces comportements peuvent-ils être justifiés ?

Comme l'année dernière, des témoignages relatent également la prise à partie de simples témoins d'interpellation. Remis·es en cause dans leur action, certain·e·s agent·e·s n'hésitent pas à proférer des propos LGBTphobes et à brutaliser de simples témoins. Abdel en a fait les frais : il a dû subir une intervention chirurgicale à la suite d'une agression par des agent·e·s de police, pour les avoir interpellé·e·s verbalement en raison de leur comportement violent au cours d'une intervention.

C'est pas mon genre…

La question des personnes trans en détention est un sujet essentiel. L'administration pénitentiaire continue d'avoir une politique inadéquate, fondant parfois ses décisions d'incarcérer les détenu·e·s dans le quartier des hommes ou des femmes en se basant uniquement sur l'état civil ou sur l'observation des organes génitaux des personnes, donc en niant l'identité de genre par laquelle elles se définissent.

De retour à son centre d'hébergement, Mamadou est agressé, et victime d'un viol. Le procureur de la République décidera de classer l'affaire au motif que le viol lui paraît irrecevable puisque la victime est homosexuelle.

Dans le cadre d'une affaire de garde d'enfants, Sylviane, femme trans, est en conflit avec son ex-compagne. Elle se retrouve en difficulté face aux expertises psychologiques et sociales menées dans le cadre de l'enquête exclusivement à charge contre elle qui pointent son identité de genre afin de mettre à mal sa capacité à prendre soin de ses enfants.

Dans le département du Nord, après un banal contrôle, Antonin, jeune homme gay, est plaqué au sol puis conduit au commissariat, les policier·e·s ayant trouvé un flacon de poppers dans sa voiture. Entre les moqueries quant à son orientation sexuelle et les intimidations, il écope de trois amendes. Antonin souffre d'une entorse au poignet, mais il ne se sent pas assez armé pour porter plainte. Il est sous traitement d'antidépresseurs, ce qui, pour les policier·e·s, explique sa réaction lors de leurs échanges.

Le ministère de l'Intérieur rend publiques les plaintes d'infraction « anti-LGBT »

Le ministère de l'Intérieur a publié cette année pour la première fois les résultats d'un chiffrage des infractions « anti-LGBT ». Rendu public en septembre 2017, ce premier recensement des crimes et délits commis en raison de l'orientation sexuelle ou identité de genre réelles ou supposées des victimes révèle que 1 084 plaintes ont été déposées à ce titre en 2016. La mise en place de cet outil, complémentaire du baromètre annuel de SOS homophobie, doit être saluée. Il faut cependant observer que, au regard des témoignages reçus par SOS homophobie, le chiffre publié par le ministère de l'Intérieur paraît faible et que cet instrument ne semble pas encore fiable. Ainsi, alors que 170 000 personnes déclarent être victimes d'insultes LGBTphobes chaque année en France selon l'INSEE, et que 40 % des victimes déclarent avoir subi des dommages psychologiques suite à ces faits, une étude détaillée des enquêtes INSEE réalisée en mai 2017 par l'Observatoire national de la délinquance et des réponses pénales (ONDRP) montre que seules 8 % des victimes concernées se déplacent dans un commissariat ou une gendarmerie. Et, lorsqu'elles le font, seules 48 % d'entre elles déposent effectivement plainte. Au total, ce sont donc seulement 4 % des victimes d'insultes LGBTphobes qui déposent effectivement plainte, alors qu'il s'agit pourtant d'un délit passible d'une peine de six mois d'emprisonnement et 22 500 euros d'amende en cas d'injures publiques... À l'évidence, l'accueil des victimes d'actes LGBTphobes dans les services de police et de gendarmerie doit être amélioré et les fonctionnaires sensibilisé·e·s aux problématiques spécifiques de ce public.

Lieux publics
Sur les pavés, la haine

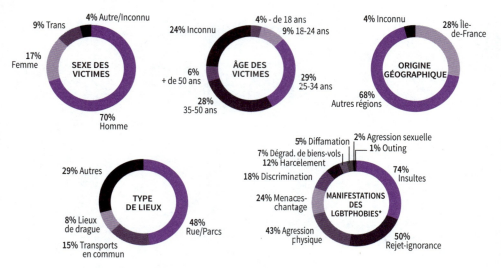

176 témoignages en 2017, correspondant à 165 cas, soit 11 % du total.

La légitimité des personnes LGBT dans l'espace public reste à conquérir : l'homophobie et la transphobie dans les lieux publics menacent toutes les personnes considérées comme différentes en raison de leur attitude ou de leur apparence, des adolescent·e·s aux

« *Tu fais quoi ici, sale PD ?* »

seniors, partout en France. Aussi les chiffres de l'année écoulée sont préoccupants au regard de leur évolution.

En 2017, l'association a reçu 176 témoignages de LGBTphobies dans les lieux publics correspondant à 165 cas, contre 198 cas en 2016. Cette légère baisse ne doit pas cacher la réalité des actes qui ont visé les personnes LGBT l'an passé : cela reste supérieur aux 142 cas recensés en 2015.

Les violences physiques concernent 43 % des cas, contre 45 % en 2016. Il faut en revanche souligner la multiplication des insultes, qui ont touché 74 % des victimes contre 66 % l'année précédente. D'autres expressions et manifestations de LGBTphobies telles que les menaces (24 %) et le harcèlement (12 %) ont largement gagné du terrain, puisqu'elles concernaient respectivement 14 % et 7 % des cas en 2016. Les discriminations et les diffamations sont restées à un niveau stable (18 % et 5 %), mais les manifestations de rejet et d'ignorance, qui peuvent se décliner

* *Plusieurs manifestations peuvent être identifiées sur un cas. En conséquence, le total des manifestations est supérieur à 100 %.*

en moqueries ou brimades, ont bondi de dix points pour toucher 50 % des cas : c'est une augmentation spectaculaire en regard des 32 % de 2015.

Indépendamment de l'intensité de la violence, ces agressions sont toujours des épreuves pour les victimes. Cela pourrait sembler anodin : Laurent et Ida trouvent des inscriptions hostiles aux personnes LGBT sur un trottoir en bas de leur domicile et de leur travail, Mourad entend incidemment des moqueries à l'égard des *« PD »* au restaurant, Linda est témoin de blagues lourdement gayphobes dans une gare. Même quand elles

« Il est à terre, tue-le ! »

ne sont pas directement visées, les personnes LGBT sont alors brutalement confrontées aux LGBTphobies. Cela étant, la majorité des personnes qui contactent l'association ont été directement ciblées, en raison de leur présence dans la rue ou les parcs, lieux privilégiés des actes LGBTphobes (48 % des cas), mais aussi dans les transports (15 %), des commerces, ou encore lors de rassemblements.

Une simple promenade, une soirée en couple ou entre ami·e·s, une sortie en boîte de nuit ou à la fête foraine peuvent être propices à l'agression et à l'expression d'une homophobie et d'une transphobie violentes. C'est ainsi que soudain tombent les insultes, les moqueries, les crachats, les jets de pierres, voire même les coups : des hommes jettent leurs boissons sur une femme trans qui attend le tramway, une femme ôte ses talons aiguilles pour agresser un jeune gay dans le Nord. Cette haine subite sidère les victimes qui ne savent pas toujours comment réagir. De plus, aux violences verbales et physiques s'ajoute parfois un sentiment d'humiliation publique et de désarroi face au peu de soutien des témoins éventuel·le·s.

Si l'agression est pour certain·e·s un violent rappel à la réalité de l'homophobie, d'autres la subissent au quotidien. Il arrive que les actes LGBTphobes virent au harcèlement. Que faire lorsque sortir de chez soi expose à des dangers récurrents ? D'autant que cette hostilité vécue dans les lieux publics peut se cumuler avec celle vécue dans d'autres environnements (voir chapitres Famille, Travail, Voisinage). Ces événements ont des conséquences graves, surtout à cause de leur caractère répété. Ainsi plusieurs personnes n'osent plus sortir de chez elles, modifient leurs habitudes ou leurs trajets, surveillent leur tenue et leur attitude. Sylvia, femme trans habitant en Bourgogne, hésite à sortir habillée conformément à son identité de genre en raison des moqueries qu'elle a déjà essuyées dans un train.

Ces expressions de rejet et de haine visent à nier la légitimité des personnes LGBT dans les lieux publics : ces agressions et humiliations sont un rappel constant que cet espace reste hétéronormé et que celles et ceux qui ne s'y conforment pas n'y sont pas les bienvenu·e·s. Les insultes visent à rabaisser (*« sales gouinasses »*, entendu à Paris), trahissent certaines obsessions sexuelles et dénotent une volonté de rejeter (*« Allez vous faire enculer ailleurs »*, entendu dans le Nord). Dans ce contexte, les paroles

« J'en ai marre d'avoir peur »

laissent parfois la place à des atteintes physiques visant à intimider, punir, voire détruire. Il n'y a pas d'endroit sûr, et l'homophobie et la transphobie s'expriment aussi dans les lieux de drague (8 %) : en Haute-Savoie, un groupe d'hommes ouvre le feu sur des promeneurs dans un lieu de drague où ils savent que des gays

Pochoir homophobe de la Manif pour tous, dégradant les familles homoparentales, les rues et l'espace public

De fait, les victimes de LGBTphobies renoncent parfois à porter plainte. Plusieurs explications : un manque d'information, de la lassitude, de la honte, de la difficulté à prouver certains faits, de la crainte d'être incompris·es, ou encore un accueil inapproprié de certains pouvoirs publics. Plusieurs témoignages rapportent en effet un défaut d'accueil de la parole des victimes LGBT par les dépositaires de l'autorité : dans un parc de métropole, Guillaume est agressé et insulté par six légionnaires puis se voit refuser un dépôt de plainte au commissariat, ce qui le laisse désabusé (voir témoignage dans le chapitre Agressions physiques). Dans ce contexte, SOS homophobie apporte écoute, soutien et conseils afin que les personnes agressées sortent de la honte et de l'isolement et effectuent les démarches pour faire valoir leurs droits et ainsi se sentir mieux.

se rencontrent. Des pièges sont tendus dans des bars ou via des rencontres en ligne. Les victimes ainsi piégées sont parfois écrasées par la honte et vont jusqu'à croire qu'elles ont mérité leur sort. Stéphane, battu et volé à plusieurs reprises dans le Sud-Ouest, n'a rien signalé : *« Je me disais que c'était bien fait pour moi. »*

L'insouciance brisée

Dans une salle de fitness du Pas-de-Calais, Ruben fait une remarque anodine à un autre sportif. S'ensuit un torrent d'injures et de menaces devant tout le monde, pendant cinq longues minutes. Ruben reste impassible mais a « l'impression qu'on déverse une fosse à purin » sur lui. Il est heureusement soutenu par les responsables du lieu et envisage de porter plainte, mais croise encore son agresseur quand il retourne s'entraîner.

Dans le Calvados, Claire et Cathie rentrent tranquillement de soirée quand un homme se met à les suivre sans relâche, les traitant de « putes » : elles sont obligées de courir pour lui échapper.

Gérard, gay retraité, fréquente un lieu de drague dans l'Hérault. Un après-midi, il est encerclé par un groupe d'hommes qui le rouent de coups de pied, de poing et de bâton. Gérard entend dire : « Il est à terre, tue-le ! » *Il ignore encore comment il a réussi à se tirer de cette agression, qui ne cesse de le hanter.*

En Alsace, Christiane, lesbienne, croise un soir une cinquantaine d'étudiant·e·s hurlant une chanson gayphobe en pleine rue : cette homophobie de masse lui donne un sentiment de vulnérabilité et d'impuissance.

Samia est bisexuelle, en couple avec une femme. Alors qu'elle et sa compagne profitent d'une baignade dans la Drôme, un groupe d'hommes à proximité les agressent : les invectives s'accompagnant vite de jets de pierres, de crachats et de coups. Samia entend encore résonner les rires de ses agresseurs.

Adèle, la soixantaine, est une femme trans qui vit sur la côte méditerranéenne, où elle se sent intégrée malgré des incidents récurrents. Dans un de ses restaurants favoris, elle est soudain importunée par une dame qui se montre violente, lui demande si elle est un homme ou une femme, et va jusqu'à la toucher avec obscénité. Adèle rentre chez elle désemparée et surtout furieuse.

Dans un centre commercial de la région Rhône-Alpes, Théo et Samuel se tiennent furtivement la main. Il n'en faut pas plus pour que survienne un homme qui les insulte, provoquant un vif échange. Un peu plus tard, l'agresseur revient accompagné d'un ami pour molester le couple, Théo est projeté au sol. La police intervient rapidement et une plainte est déposée, citant le caractère homophobe.

Une accumulation pesante
Ida est bisexuelle et évoque des tags de la Manif pour tous qu'elle croise quotidiennement à une station de métro. Cette lecture lui pèse d'autant plus qu'elle est en train de recourir à une PMA : « C'est vraiment pénible, parfois très dur, de voir ça en permanence, tous les jours. »

Maxime, jeune homme trans, discute avec une amie sur une plage de Normandie lorsque des adolescent·e·s se mettent à leur jeter des cailloux. Ces attaques s'accompagnent de moqueries, d'insultes et

Dans une grande ville de Bretagne, Paul et son compagnon souhaitent profiter de la fête de la musique avec leurs amis. Malheureusement, la soirée est gâchée par un individu homophobe qui les insulte et cherche à les chasser. Cette agression restée verbale a néanmoins fait craindre d'autres violences à Paul, une peur qui a depuis fait place à la colère et à un sentiment d'injustice.

« J'étais avec des amis et mon chéri, et nous marchions sur une place en nous tenant par la taille, comme à notre habitude. Soudain un homme nous accoste et s'adresse à nous de façon agressive, nous disant que nous ne sommes pas normaux, que nous avons été mal éduqués, que nous sommes des sodomites, des PD. Il nous demande avec insistance de quitter la place car des enfants sont présents et que ce que nous faisons est honteux. Mon chéri et mes amis se sont opposés à ces propos. Du coup l'homme est devenu plus agressif, voire violent. Je me suis tu tout le long du flot d'insultes pour éviter qu'on en arrive aux mains. Voyant qu'il était seul contre au moins six personnes, il est parti. J'hésitais à appeler la police car cet homme me semblait violent et dangereux. Je ne l'ai pas fait, par peur de représailles et parce que mon ami estimait que les forces de l'ordre ne se déplaceraient pas pour si peu. J'ai passé toute la soirée dans la peur de revoir notre agresseur.

C'est la première fois que je suis victime d'homophobie. Je pensais pouvoir vivre dans un monde tolérant, sans problème. Quelle désillusion. J'ai passé un jour complet à ressasser cet événement. Mon chéri m'a consolé, et m'a dit de ne pas m'en faire. Certes, je suis rassuré car cet homme ne fait partie que d'une minorité de personnes. Mais je suis aussi en colère, dégoûté même, car cet homme n'est pas puni pour ses propos injurieux et blessants. Ce n'est pas que nous qu'il a insultés, mais toute la communauté LGBT. Il a gâché une super soirée avec mon amoureux et mes amis. Il m'a blessé moralement. Et dire qu'il va continuer à faire du mal à d'autres gens qui s'aiment »

de gestes obscènes. Quand Maxime va s'asseoir devant le groupe pour parler, il récolte des injures et un flot de questions violentes. Il comprend que le groupe les prend pour un couple lesbien, ce qui motive leur animosité.
« Leurs remarques ne me blessaient pas, ne m'étonnaient pas, je les ai entendues mille fois, je n'étais pas en colère et je n'avais pas honte de moi-même, j'étais juste un peu choqué. Des mots, des insultes, des regards, j'en ai toujours eu à Paris, depuis que j'ai 13 ou 14 ans. Mais des violences physiques, des cailloux, un groupe de gens aussi jeunes et aussi pleins de haine, mais surtout d'ignorance, jamais. »

À seulement 17 ans, Damien est déjà familier des regards de travers et des discriminations. Assis sur un banc public en Vendée, il est insulté par un groupe de jeunes qui le filment et lui disent qu'il ira en enfer, qu'il devrait avoir honte et qu'il devrait se suicider. Cet épisode est vécu difficilement par Damien, qui contacte SOS homophobie des idées noires plein la tête. Cet échange lui permet de s'exprimer librement sans jugement tout en obtenant des renseignements sur plusieurs ressources documentaires destinées aux jeunes LGBT.

Sarah est une femme trans auvergnate. Lassée des attaques, elle décide un jour de tenir tête à un groupe d'hommes qui l'insultent alors qu'elle fait ses courses. Après une véritable traque, Sarah est passée à tabac sur un parking. Les agresseurs ont été appréhendés, mais les blessures physiques et surtout psychologiques demeurent.

Emma, 18 ans, contacte le chat de SOS homophobie. Elle a été injuriée et frappée par quatre hommes dans un bus, sans réaction des autres personnes présentes. Emma est très choquée : « Quel intérêt de vivre avec au quotidien des remarques, des insultes, des regards de travers ? Quand on est soumis à ça, ça empêche de vivre sereinement. » Elle obtient des conseils pratiques et finit par se sentir un peu mieux.

La volonté d'exclure
À 37 ans, Renaud se découvre tardivement une attirance pour les hommes, mais subit aussi pour la première fois l'homophobie. Alors qu'il se promène avec un ami dans le centre d'une grande ville, Renaud est chassé par un homme qui refuse leur présence. « Il nous a indiqué que nous étions trop éloignés du quartier où on a le droit d'être, que cette zone n'est pas pour les PD. Un peu sonné par la violence des propos je n'ai pas vraiment réagi et mon ami m'a incité à nous éloigner. »

En Occitanie, Michel, septuagénaire homosexuel, participe à un défilé LGBT. Les drapeaux et la pancarte de Michel évoquant le sort des gays tchétchènes dérangent un homme à moto, qui exige leur retrait. Michel lui demande ce qui justifierait cette censure, ce qui lui vaut d'être longuement harcelé. Michel reste interloqué et cherche en vain des explications rationnelles à cette hostilité.

Dans un cimetière, un homme interpelle Florian : « Écoute, mon gars, les PD c'est en haut, dégage, il y a une hiérarchie dans la nature, et toi tu es une merde. » Il est contraint d'obtempérer pour ne pas subir de coups, soulignant l'indifférence des autres passant·e·s.

En Île-de-France, Céline est assise au fond d'un bus quand deux hommes se mettent à harceler toutes les personnes à proximité. Quand Céline prend la défense d'une voyageuse, les insultes fusent : « T'es qu'une lesbienne alors tu te tais, t'as rien à dire. Les gens comme

toi, ils ont rien à dire, putain ! Mais qu'est-ce que tu veux, putain de lesbienne ? », « sale Femen de merde ». C'est ensuite le tour d'un autre passager, qualifié de « sale PD ». Après de longues minutes à malmener tout le monde, les agresseurs descendent.
Le service de sécurité arrive peu après, Céline leur laisse son témoignage et reprend son trajet, sonnée.

Dans la banlieue parisienne, Sylvain se rend avec un groupe d'amis à une manifestation artistique dans un squat. Son style ouvertement queer déplaît cependant au responsable du lieu qui en vient rapidement aux insultes et aux menaces. L'homme se déclare homophobe, affirme avoir « cassé du PD » et souhaite que les homos soient « envoyés dans des camps » ; pour lui « on accepte les homos quand ils se font tout petits ». Sylvain se défend et s'adresse aux autres organisateurs, qui compatissent mais se disent impuissants. Sylvain et ses amis quittent les lieux scandalisés.

Une trentaine de personnes LGBT se réunissent pour un pique-nique dans les Bouches-du-Rhône. Plusieurs individus les abreuvent d'insultes : pour éviter l'escalade, le groupe préfère ne pas répondre et se résout à quitter les lieux.

Sur la côte atlantique, Frédéric reçoit une injonction claire de la part d'un habitant du quartier alors qu'il marche dans la rue : « Que je te voie plus rôder devant chez moi sinon je te cogne, sale PD. » Pour Frédéric, c'est l'insulte de trop. « Rien n'est fait, j'en ai marre d'avoir peur, de subir et de devoir me taire. »

LIEUX PUBLICS

Mal de vivre
Une vie pas toujours rose

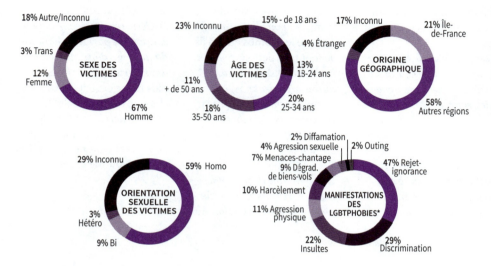

103 témoignages en 2017, correspondant à 92 cas, soit 6 % du total.

En 2017, 103 des témoignages – représentant 92 cas – recueillis par l'association font état d'un mal-être. Le profil des appelant·e·s est équilibré, avec une représentation quasi égale de toutes les classes d'âge. Plusieurs témoignages sont également parvenus de l'étranger, qu'il s'agisse du Luxembourg, de l'Algérie ou de la Syrie. Les témoignages d'hommes sont toutefois majoritaires (67 %).

Si la représentation des principales catégories socio-démographiques est équilibrée, un fil directeur semble relier l'ensemble de ces tranches de vie : à savoir une orientation sexuelle et/ou une identité de genre non acceptées par les intéressé·e·s et/ou par leur entourage. Ce mal-être est souvent le résultat d'une société française qui n'est que partiellement inclusive, et où les personnes concernées ont conscience des LGBTphobies qui sont susceptibles de rendre leur existence plus compliquée.

De nombreux témoignages, en particulier de personnes trans, font état de craintes liées aux discriminations qu'elles subissent ou sont susceptibles de subir pour accéder, par exemple, aux services publics basiques.

« Tu as raté ta vie »

Dans les cas où l'orientation sexuelle et/ou l'identité de genre sont acceptées et assumées, le mal-être émerge souvent de l'environnement des personnes. Dans les situations les moins

* Plusieurs manifestations peuvent être identifiées sur un cas. En conséquence, le total des manifestations est supérieur à 100 %.

graves, il s'agit du changement de comportement attendu ou constaté de l'entourage suite à la découverte de l'orientation sexuelle et/ou de l'identité de genre. Dans les cas les plus préoccupants, les témoignages relatent un environnement particulièrement hostile envers les personnes LGBT. Plusieurs contextes peuvent être concernés : l'espace public, l'environnement familial proche (parents, frères et sœurs…) ou plus éloigné (cousins, oncles et tantes), ainsi que les milieux scolaires et professionnels, associatifs, etc. Cela vient particulièrement fragiliser les victimes en les isolant encore davantage.

Les situations les plus à risque sont d'ailleurs souvent celles des personnes qui n'ont pas de possibilité de se tourner vers des milieux plus accueillants.

D'autres témoignages relatent un mal-être lié à l'isolement social et affectif. Le pessimisme gagne souvent celles et ceux qui vivent dans des zones ou lieux où les personnes LGBT ne sont pas visibles, vivent cachées.

Pression sociale

Thierry est marié et père de famille près de Limoges. Depuis quelque temps, il se sent de plus en plus déchiré entre son attirance grandissante pour les hommes et l'amour sincère qu'il porte à son épouse.

Mylène, jeune bisexuelle de 24 ans vivant à Aix-en-Provence, ne se sent pas à l'aise avec sa sexualité. Elle ressent une grande pression sociale liée à son orientation sexuelle. Elle ne sait pas vers qui se tourner dans son entourage pour en parler, ses ami·e·s étant tou·te·s hétérosexuel·le·s et sa famille hétéronormée (sans pour autant être homophobe à sa connaissance).

Eliott, homme trans hospitalisé à Lille, ressent une animosité particulière de la part de l'aide-soignante qui s'occupe de lui. Il pense que les convictions religieuses de cette dernière l'amènent à rejeter tout particulièrement les « gens comme [lui] ».

Marianna, jeune lycéenne trans bien acceptée par sa famille, s'inquiète pour les épreuves orales du baccalauréat. Sa carte d'identité mentionne son prénom et son sexe de naissance. Elle se demande comment se protéger pour éviter d'être discriminée face à un·e examinateur·trice intolérant·e de son identité de genre.

Changement de comportement

Yannick a été victime d'une agression physique à caractère homophobe en Occitanie. Son affaire, médiatisée par un journal local dans un article maladroit, a permis aux habitant·e·s du village où il exerce comme médecin de deviner son homosexualité. Bien qu'il assume son orientation sexuelle, il regrette de voir le comportement de certain·e·s de ses patient·e·s changer à son égard.

Djamel, 13 ans, confie être victime d'insultes régulières et de privation de téléphone portable par ses parents qui ont découvert et ne supportent pas son homosexualité. Il rêve de pouvoir aller vivre avec son petit ami dans un environnement plus protégé.

Isolement et regard des autres

Nicolas, 25 ans, vit dans un petit village de l'Est de la France, où il n'a parlé à personne de son homosexualité, par peur du regard des autres et du rejet. Il envisage sérieusement de déménager prochainement dans la grande ville la plus proche où il se sentira plus libre d'être ce qu'il est.

Emmanuel, jeune homme gay de 18 ans, s'affiche comme quelqu'un de confiant et qui accepte pleinement son orientation sexuelle. Il nous confie cependant souffrir de se faire régulièrement injurier dans la rue en raison de son apparence physique, jugée insuffisamment masculine.

Marco supporte de moins en moins les propos homophobes récurrents que tient son beau-frère aux repas de famille.
Il doit choisir entre préserver les apparences familiales au détriment de son bien-être ou risquer d'envenimer des relations déjà compliquées avec sa sœur.

Rejet

Flavien, homme gay de 30 ans, a subi plusieurs actes qui l'ont mené progressivement à s'isoler. Lycéen, il a subi des brimades de ses camarades de classe après qu'un ami l'a outé. Au travail, il n'a plus supporté l'ambiance homophobe, dont un événement en particulier : « Un employé est venu dans mon dos pour tenter de me mettre son pouce dans le cul à travers les vêtements. » *Dans sa famille, les remarques dénotent également un climat particulièrement homophobe* (« Alors, tu te fais enculer par ton coloc ? »). *Enfin, dernièrement, deux tags obscènes avec ses initiales sont apparus autour de sa copropriété.*

Alexandre, pompier volontaire dans les Alpes-Maritimes, a grandi sous les coups et les insultes homophobes de son

« […] J'ai fait mon coming out bisexuel il y a quelques mois, et me considère désormais homosexuel. […]
Aujourd'hui, je vis certes logé, mais entre une moitié de famille qui ne considère plus ma présence et une autre qui ignore et refuse mon identité. C'est ainsi que je vis entre les "PD", les "tapette", injures qui ne me sont pas toujours destinées, mais qui sonnent toujours aussi mal à mon oreille. Lorsque je recherche de l'aide, dans mon entourage, on me dit : "Attends encore un an, après tu seras libre."
Le problème, c'est que cette situation m'insupporte, et la raison pour laquelle j'ai rendu publique mon orientation, à savoir me faire accepter de toutes et tous et vivre libéré, n'a fait qu'embrumer la chose. J'ai même repris contact avec ma mère que je hais profondément, et qui m'a conseillé, pour mon bien, de continuer à mentir, prétendre que ce n'était qu'une passade, pour que mon père me paye mes études, et que le monde ne me discrimine pas. Cette proposition a beau venir du cœur, de la volonté de protéger son enfant, elle m'enferme et me détruit plus que tout. J'ai été insulté, blâmé, frappé, exclu et finalement ignoré par mon oncle, pour qui j'avais une grande estime. […] »

« Je suis une élève de terminale dans un lycée privé catholique sous contrat avec l'État. En début de semaine, nous avions une conférence sur les religions en présence d'un imam, un rabbin et un prêtre. La conférence avait très bien commencé. L'imam a montré une grande tolérance, bien que sa religion "ne conçoive pas" l'homosexualité. C'est ensuite au tour du prêtre, et la conférence prend alors une forme de tribunal. Il nous explique que l'Église "ne peut accepter une forme de sexualité non naturelle", que "le milieu gay est outrancier", qu'il faut parler avec "les gens comme ça" car "c'est une grande souffrance pour eux", etc. J'ai 19 ans, j'aime les femmes, je n'ai jamais été victime d'homophobie, la première fois que cela m'arrive est au lycée, étrange comme situation. Je me mets à pleurer, j'ai alors extrêmement honte, les autres lycéen·ne·s se retournent vers moi, je suis un éléphant de cirque, je voudrais devenir toute petite. Les mains tremblantes et le souffle court, une crise de

tétanie m'envahit. Je décide donc de sortir pour ne pas être encore plus au centre du spectacle. Personne ne viendra me voir, ni la directrice ni le responsable pastoral, que ce soit sur le moment ou quelques heures après. Personne.
Je me retrouve seule dehors. J'attends vingt minutes, puis la conférence se termine, tout le monde sort. On me regarde avec empathie, mais qu'est-ce que j'ai honte... Je me sens sale. Mes ami·e·s viennent me dire qu'à mon départ, les élèves ont commencé à parler un peu plus fort (tou·te·s étaient déjà profondément choqué·e·s, et on les a fait taire plusieurs fois). C'était mardi. Vendredi, le responsable pastoral me convoque, je me dis qu'il va me demander ce qu'il s'est passé, si je vais mieux, etc. Je mange à la chapelle du lycée une fois par semaine avec lui et d'autres élèves pour discuter ensemble de la religion, je participe également aux scouts. Je m'assois, sereine, et il commence : "Je voudrais revenir sur ton attitude lors de la conférence. Elle a été intolérable. Tu as eu un manque de respect envers les représentants religieux. La porte a claqué derrière toi, tu aurais dû partir discrètement." Je tremble, choquée, je me mets à pleurer, je ne me contrôle plus. Je lui explique ce que j'ai écrit plus haut, le fait que personne ne soit venu me voir, que le lycée nous ait fait écouter des propos homophobes, et que ce soit moi finalement la coupable ? Coupable d'aimer différemment ? Coupable de m'être sentie mal face à ce discours ? Coupable d'avoir honte ? Coupable d'aimer les femmes ? Il essaie de me répondre, je le traite de "gros connard", c'est plus fort que tout. Je retourne en classe difficilement, je m'effondre en larmes avant même de rejoindre ma table, je sors. J'ai envie de mourir. La professeure me rejoint dans le couloir, et m'explique qu'elle a été mise au courant pour la conférence, qu'elle a beaucoup pensé à moi, qu'aimer les femmes (ou les hommes pour les hommes) n'est pas honteux, c'est "normal", que je dois être fière de ce que je suis. Malgré tout, j'ai envie de mourir. Je vais sûrement avoir des retombées du fait d'avoir insulté un responsable, je n'ai jamais eu de problème de comportement – jamais – et à cause de mon orientation sexuelle je vais en avoir. Je me sens morte de l'intérieur, pourrie. Merci à toi, cher lycée. »

....

beau-père. Aujourd'hui, ayant toujours du mal à s'affirmer face à lui, il doit affronter ses démons tout en faisant le deuil d'un proche disparu lors de l'attentat de Nice.

Pierre, homme gay vivant dans les Hauts-de-France, est sans activité depuis plusieurs années et ne survit que grâce au RSA. Il s'est longtemps occupé de sa mère malade qui n'a jamais accepté son homosexualité, et qui lui tient régulièrement des propos particulièrement blessants : « Tu as raté ta vie », « Si j'avais su, j'aurais avorté ». Il a trouvé refuge dans l'alcool, mais aujourd'hui il tente de soigner son addiction.

Alexis, jeune gay de 20 ans, s'est fait menacer, battre et agresser sexuellement lorsqu'il avait 17 ans. Depuis, il vit reclus chez lui dans une peur permanente. Il a dû interrompre ses études et cumule les problèmes de santé (insomnie, dépression, alcoolisme…).

À seulement 17 ans, Damien est déjà familier des regards de travers et des discriminations. Assis sur un banc public en Vendée, il est insulté par un groupe de jeunes qui le filment et lui disent qu'il ira en enfer, qu'il devrait avoir honte et qu'il devrait se suicider. Cet épisode est vécu difficilement par Damien, qui contacte SOS *homophobie des idées noires plein la tête. Cet échange lui permet de s'exprimer librement sans jugement tout en obtenant des renseignements sur plusieurs ressources documentaires destinées aux jeunes LGBT.*

Théo subit un harcèlement verbal et physique depuis le collège par des « gars du quartier » qu'il croise régulièrement dans sa ville de Seine-Saint-Denis. Malgré sa peur, il subit et se sent complètement démuni, étant entendu que les plaintes au commissariat d'autres de ses amis gays n'ont jamais mené à la moindre poursuite.

Médias-Communication
LGBTphobies, tout est permis !

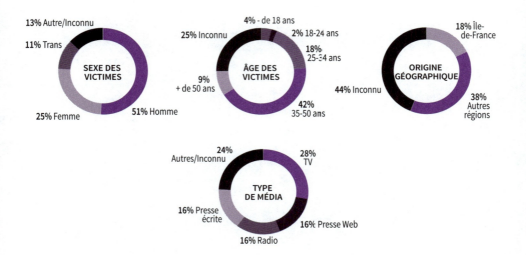

68 témoignages en 2017, correspondant à 45 cas, soit 3 % du total.

Bien que le nombre de cas relevés dans les différents médias soit en baisse par rapport à l'année précédente, de nombreuses manifestations d'homophobie ont été dénoncées tout au long de l'année. Force est de constater, avec désolation, qu'un dérapage médiatique homophobe en chassait un autre. Ainsi, 45 cas différents ont été recueillis par SOS homophobie, dont plus de 28 % dénoncent des faits qui ont eu lieu sur le petit écran.

La banalisation des insultes LGBTphobes

La télévision est le média où les insultes banalisées, les sous-entendus insistants à propos d'une prétendue homosexualité sont le plus rapportés, sans que ceux-ci soient relevés par les autres personnes présentes sur le plateau de l'émission. Cela a été signalé dans de multiples programmes où les mots «*PD*», «*tapette*», «*tarlouze*» semblent toujours aussi banalisés. C'est le cas dans l'émission « On n'est pas couché » dans laquelle Joey Starr déclare qu'André Manoukian serait *«une tarlouze»* au seul prétexte qu'il ne se couchait pas à des heures tardives pendant le tournage d'une émission. Le silence est le même dans le programme « Touche pas à mon poste ! » lorsque Thierry Ardisson révèle l'identité de l'homme avec lequel il a eu une aventure plusieurs années auparavant, sans se soucier de l'outing public qu'il vient de commettre vis-à-vis de son ex-partenaire.

Sous couvert d'humour, la banalisation des LGBTphobies

Cette absence de réactions des chroniqueurs et chroniqueuses est également remarquée à la radio, support qui totalise 16 % des cas signalés. Il peut s'agir de radios confidentielles comme IDFM, qui laisse s'exprimer, sans interruption, sur son antenne des auditeurs aux paroles ouvertement homophobes et transphobes, comme dans l'émission « 18-25 » datée du 18 février 2017 : *« L'homosexualité est une maladie, au même niveau que la pédophilie, quand on voit les ravages que ça fait […]. C'est comme une déficience psychologique »*, *« Beaucoup d'homosexuels assez gênants […], ils font des attouchements, ils nous abordent en nous touchant les fesses »*. Les radios généralistes ne sont pas épargnées. Cette année, la pastille humoristique matinale de Nicolas Canteloup sur Europe 1 n'est pas loin de remporter le titre de chronique homophobe de l'année en mettant sur le même plan le viol présumé de Théo à Aulnay-sous-Bois et l'homosexualité : *« Amis gays, ce n'est pas la peine de chercher un deux pièces sur Aulnay centre, la police ne recommencera plus, c'était un accident, pas une pratique courante sur Aulnay-sous-Bois […] »*, ou encore, en imitant François Hollande : *« J'ai rendu possible le mariage gay, donc avec cette épisode de la matraque, si Théo, après réflexion, se découvre des sentiments pour le policier qui lui a introduit la matraque, ils pourront, grâce à moi, s'épouser, c'est légal. […] »* Assimilations, amalgames et clichés sont ainsi diffusés, sous couvert d'un second degré clairement revendiqué ; difficile alors de ne pas franchir les limites de la discrimination et de l'irrespect.

LGBTphobies en musique

Cette banalisation de propos homophobes, biphobes et transphobes est également constatée dans la chanson « Kill Dem All », diffusée en boucle et promue par la radio Mouv'. Don Choa y appelle au déchaînement contre les personnes

LGBTphobies en prime time : une ligne rouge à ne pas dépasser

L'animateur grand public Cyril Hanouna a été l'auteur d'une séquence particulièrement homophobe à la télévision, sur la chaîne C8, dans son émission « Touche pas à mon poste ! Radio Baba » diffusée en prime time le 18 mai 2017. L'animateur s'est fait passer pour un homosexuel en mimant et reproduisant plusieurs stéréotypes et idées reçues à caractère homophobe : voix féminisée, paroles crues, images de mauvais goût. Après avoir publié une annonce sur un site de rencontres en se présentant comme *« Jean-José, bisexuel, 1,85 m, très sportif et super bien monté »*, cherchant *« une relation courte ou longue selon le feeling »*, Cyril Hanouna a répondu en direct aux appels de quelques hommes sous le regard et les rires complices de ses chroniqueurs et chroniqueuses sur le plateau. Lors de ces échanges téléphoniques, il a multiplié les allusions graveleuses avec pour seul objectif de ridiculiser et d'humilier les hommes au bout du fil. SOS homophobie a saisi le Conseil supérieur de l'audiovisuel (CSA) pour dénoncer le caractère homophobe de cette séquence. Le président de l'association, Joël Deumier, est intervenu le lendemain dans l'émission pour rappeler que ce type de séquences nourrit les LGBTphobies, en particulier lorsqu'elles sont diffusées devant plusieurs centaines de milliers de téléspectateurs, en particulier des jeunes. La saisine du CSA a permis de tracer une ligne rouge à ne plus dépasser. La chaîne de télévision C8 a été condamnée au paiement d'une amende de trois millions d'euros. Dans leur décision, les membres du CSA ont estimé : *« La société C8 a gravement méconnu le principe de respect de la vie privée, ainsi que son obligation de lutter contre les discriminations. »*

Publication du slogan hétérocentré de la marque Cache Cache sur Facebook

LGBT avec des paroles plus qu'explicites : « *Aucune envie d'vous aider, jeune padawan, vieux PD, j'vous découpe à coups d'épée, vous et vos putes toutes pétées.* »

De nombreux témoignages saluent l'avancée des programmes visant à rendre plus accessibles et plus visibles les personnes LGBT, qu'il s'agisse de la soirée continue autour du téléfilm *Baisers cachés* et du débat qui a suivi sur France 2 à l'occasion de la Journée mondiale de lutte contre l'homophobie et la transphobie le 17 mai 2017 ou du documentaire *Devenir Il ou Elle*, diffusé en janvier 2017 sur France 5. Cependant, à chaque diffusion ou rediffusion de ces programmes, un flot de commentaires homophobes et d'idées reçues gravitent autour de ces réalisations. Le site du Mouvement JRE, justice et respect pour l'enfance, publie un article écrit par Rémy Savin le 13 janvier 2017, dénonçant « *une féminisation de la pensée publique* », parlant même de « *mensonge* » et de « *propagande transgenre* ».

L'émouvant discours du compagnon de Xavier Jugelé, abattu lors de l'attaque survenue sur les Champs-Élysées le 20 avril 2017, a constitué une reconnaissance inédite de l'homosexualité d'un policier ; jamais un hommage national n'avait eu lieu de façon aussi solennelle et officielle. Retransmis en direct à la télévision, et suivi par plus de deux millions de téléspectateurs, l'hommage du veuf à son compagnon a été la cible de nombreux commentaires haineux et homophobes, avec des termes particulièrement orduriers. Le ministre de l'Intérieur, Matthias Fekl, a ainsi saisi la justice pour « *apologie de crimes* » et « *provocation à la haine et à la violence en raison de l'orientation sexuelle* » après la publication de propos « *ignobles et intolérables* » visant Xavier Jugelé[1].

Ainsi nous constatons que les LGBTphobies sont toujours très présentes dans les médias ; même si les cas signalés à SOS homophobie sont moins nombreux qu'en 2016, celles-ci restent dures et violentes. Les préjugés relatifs aux personnes LGBT demeurent vivaces et ils font, d'une certaine façon, écho aux banalités des émissions grand public, regardées et écoutées par tou·te·s. La négativité des mots n'est pas relevée, le peu d'interventions ou de contradictions les laissent se dissoudre dans une masse d'informations. Le choix des productions de garder au montage les propos humiliants, insultants, discriminants participe à la banalisation des LGBTphobies. Ainsi, même si la visibilité des thématiques relatives à l'homosexualité et aux personnes trans se renforce dans les médias et s'accompagne de moments permettant d'engager la réflexion et les débats, les brèches ainsi ouvertes laissent malheureusement place à des manifestations d'homophobie et de transphobie qui ne sont pas toujours modérées par les médias.

---

[1] http://www.lemonde.fr/police-justice/article/2017/04/25/champs-elysees-l-interieur-saisit-la-justice-apres-des-commentaires-homophobes-visant-le-policier-mort_5117427_1653578.html

Le canular homophobe réalisé par Cyril Hanouna dans son émission « TPMP ! Radio Baba » diffusée en prime time sur C8 est, sans surprise, la situation médiatique qui a été la plus dénoncée à notre association. Campant un personnage stéréotypé, le présentateur a pris un malin plaisir à piéger des hommes homosexuels après avoir publié une fausse petite annonce sur un site de rencontres gay. Appelées en direct, sans connaître la véritable identité de leur interlocuteur et sans possibilité de se rétracter, les victimes ont subi blagues douteuses, voix moqueuses et rires du public.

À l'instar des quelque 40 000 plaintes déposées auprès du Conseil supérieur de l'audiovisuel (CSA), plusieurs témoignages ont été adressés à SOS homophobie. Ces personnes dénoncent le malaise qu'elles ont ressenti en visionnant cette séquence. Julien nous confie être « *profondément choqué par cette séquence lâche* », pour lui c'est une « *humiliation totale et une émission en toute part dégradante et à la bêtise crasse* ». Il se dit « *simplement écœuré* ». En tant que « *victimes de l'homophobie quotidienne* », ces personnes nous expriment leur « *indignation* » et demandent une « *sanction immédiate et des excuses publiques* ». Manon est « *choquée définitivement* », Lucien se demande « *comment il est encore possible d'imaginer des canulars de la sorte en 2017* », Delphine « *s'est sentie humiliée elle-même* ».

....

Thibaut est choqué par une chronique de Frédérick Sigrist, entendue sur France Inter le 30 mai 2017, à propos du premier réfugié homosexuel tchétchène en France. L'humoriste dit : « Si encore on avait adopté un couple, histoire qu'ils se reproduisent ! » Thibaut est désespéré à la fois par le fait d'entendre encore des blagues de ce niveau sur une radio aussi importante à une heure de grande écoute et par l'absence de réactions sur le plateau.

Capucine nous écrit à propos du sketch d'Artus, « *Le Gaybecois* », diffusé dans l'émission « Le Grand Show de l'humour » sur France 2. L'humoriste y campe un professeur de danse homosexuel ultra-stéréotypé parlant de lui au féminin. Capucine se demande quand vont cesser ces caricatures incessantes de l'homme homosexuel maniéré et obsédé par la sexualité.

Bianca en a assez de lire des articles à propos de la supposée homosexualité cachée d'Emmanuel Macron. Les articles faisant état de sa double vie fleurissent et attisent moqueries et quolibets. Bianca en vient à se demander si l'homosexualité d'un chef d'État serait un critère de non-éligibilité aux plus hautes fonctions de la République.

Le 22 octobre 2017, Juliette écoute « Les Grandes Gueules du sport » aux alentours de 11 h sur RMC. Elle nous rapporte, indignée, la façon dont la joueuse de tennis française Sarah Pitkowski parle du harcèlement sexuel dans le monde du sport. Cette dernière compare, à de nombreuses reprises, l'homosexualité à une dérive. Elle s'exprime autour du fait, pour les joueuses, de se retrouver entre femmes : « [Les joueuses] pensaient être rassurées en se retrouvant dans l'univers féminin, mais il y a eu l'autre dérive, c'est-à-dire que de n'être entourée que par des femmes au moment de l'adolescence fait qu'on ne sait pas exactement où sont nos propres orientations sexuelles, et qu'elles sont allées à la proximité, et elles

MÉDIAS-COMMUNICATION

sont tombées dans une autre dérive qui est celle de l'homosexualité, pas nécessairement choisie, dans l'homosexualité subie, et là aussi ç'a été un problème. »

Maurice nous envoie un e-mail à propos de l'émission « On n'est pas couché », diffusée sur France 2, dans laquelle un des invités, Joey Starr, utilise le mot « tarlouze ». Maurice trouve ce terme dégradant et souhaiterait qu'il soit banni, aux côtés de toutes les injures homophobes, du vocabulaire, surtout dans les médias. Pour lui, ces fenêtres de tir médiatiques sont déplorables pour la lutte contre l'homophobie. Il pense que les présentateurs ou journalistes présent·e·s sur le plateau ont une responsabilité à laisser passer ces insultes sans intervenir. Maurice conclut son message en disant qu'il est inadmissible d'exploiter la souffrance des uns pour faire rire les autres.

Article de Médias-presse.info publié le 24 octobre 2017

Jimmy, 24 ans, nous écrit de Normandie. Il a grandi dans une famille où la tolérance et l'ouverture d'esprit sont les maîtres mots. Son homosexualité est acceptée par ses parents, néanmoins il a dû faire face à la méchanceté et à l'homophobie des gens qui pensent qu'il n'est pas normal. La polémique autour de Cyril Hanouna l'affecte. Il est triste qu'un présentateur de télévision qui possède une grande notoriété et qui peut être un exemple pour des millions de personnes qui suivent ses émissions agisse ainsi. Pour Jimmy, faire une telle caricature des homosexuels, humilier des personnes en raison de leur sexualité et de leurs différences, ce n'est pas drôle. C'est un manque de respect envers tou·te·s les homosexuel·le·s de France mais aussi envers celles et ceux qui souffrent chez eux sans aucun moyen de parler.
Il nous rappelle que nous sommes en 2017 et que pourtant l'homophobie reste très ancrée en France et partout dans le monde. Dans son message Jimmy tient à saluer nos actions et notre soutien à ces milliers de jeunes LGBT qui ne savent vers qui se tourner. Son plus grand espoir est que dans quelques années l'homophobie soit très loin de notre société.

La parole à… Alice COFFIN

Médias français : la peur panique du discours militant*

Questionnée par l'Association des journalistes LGBT (AJL) sur le making-of d'une émission consacrée à la transidentité, une équipe de télévision confiait *« ne pas avoir voulu suivre les lexiques du collectif Existrans »*. Suivre les préconisations d'Existrans, comme celles d'autres associations LGBTI, c'est pourtant la garantie de recourir à des sources informées et expertes, le Graal pour un·e journaliste. Mais voilà, la défiance des médias envers tout ce qui est assimilé à du militantisme LGBT est telle qu'elle entraîne bien souvent un mauvais traitement de l'information. C'est cette défiance – et la lesbophobie, mais c'est une autre histoire – qui empêche de convier une militante, ou tout simplement une lesbienne pour parler de PMA sur un plateau. Par ignorance *(« Je n'en connais pas »)* ou crainte d'un discours trop rébarbatif *(« Ça va être chiant »)*, trop engagé *(« Faudrait quelqu'un de plus neutre »)*, ou trop émotionnel *(« C'est trop perso, t'as pas un expert plutôt ? »)*. C'est elle encore qui explique la réticence de nombreuses rédactions à embaucher des journalistes estampillé·e·s activistes, ou juste ouvertement LGBT, pour couvrir des sujets liés à cette communauté. Ce sont pourtant les mieux renseigné·e·s.

Outre les conséquences sur le mauvais traitement de l'actualité LGBT, ce positionnement explique aussi qu'une proportion impressionnante de journalistes, pour certain·e·s très célèbres, préfèrent rester au placard. Trop risqué en France d'être crédible en étant out. Lorsque quelques-un·e·s disent leur homosexualité, c'est pour s'empresser de préciser que, attention, ils-elles ne sont pas militant·e·s !

Ce traitement n'est pas réservé qu'aux LGBT. Les militantes féministes et antiracistes sont elles aussi perçues avec circonspection par les médias et leur parole sans cesse disqualifiée au nom de leur activisme. L'année 2017 donne toutefois des raisons d'espérer.

Réunir sphères militantes et médiatiques

Cette année a vu un nombre record de communiqués des associations LGBT ou plaintes du public au CSA dénonçant l'homophobie de telle ou telle séquence télévisée. C'est le gage d'une prise de conscience de l'impact du système médiatique sur nos communautés. Cette année ont aussi eu lieu les OUT d'or à la Maison des métallos. Initiée par l'AJL, cette remise de prix visait à valoriser celles et ceux qui œuvrent dans l'espace public à une meilleure visibilité des LGBTI. Un de ses objectifs était précisément de réunir les sphères militantes et médiatiques. De contribuer à faire cesser cette défiance. De montrer aux médias qu'on peut tenir des discours très militants sur une scène sans que cela soit pénible. L'ampleur du soutien de nombreux médias à cette cérémonie est le signe qu'il est possible de faire bouger certaines lignes. Cela passe bien sûr par la nécessité d'un savoir-faire des associations LGBT à produire des images enthousiasmantes, à créer du spectacle, de l'entertainment militant. Je n'ai qu'un regret pour les OUT d'or. Malgré différentes sollicitations, nous n'avons convaincu aucune personnalité lesbienne ou gay de venir sur scène faire son coming out. La peur panique, encore.

J'ai choisi de ne citer aucun·e journaliste ou émission en particulier pour éviter tout effet de loupe. Tous les exemples sont puisés dans l'actualité médiatique de 2017 et figurent sur le site ajlgbt.info.

Alice COFFIN,
cofondatrice de l'Association des journalistes LGBT, membre de la Conférence européenne lesbienne et des Lesbiennes d'intérêt général ; mène un projet de recherche sur « l'impact du concept de neutralité sur le traitement médiatique des questions LGBT » pour le programme Fulbright.

Milieu scolaire et enseignement supérieur
Quelques efforts, mais beaucoup reste à faire !

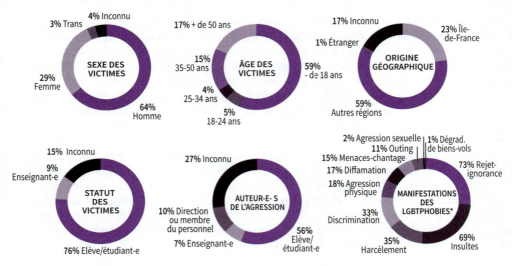

100 témoignages en 2017, correspondant à 99 cas, soit 7 % du total.

En 2017, 99 cas en rapport avec le contexte milieu scolaire ont été rapportés à SOS homophobie (contre 72 en 2016). 64 % d'entre eux concernent des hommes, 29 % des femmes, et 3 % des personnes trans. Dans 76 % des situations les étudiant·e·s et élèves sont les victimes.

Comme les années précédentes, les insultes et les moqueries restent la principale manifestation des LGBTphobies à l'école : « PD », « tapette », « tarlouze » sont des qualificatifs récurrents. Les menaces, visant filles et garçons, sont bien présentes aussi. Mise à l'écart, humiliations, harcèlement à l'intérieur comme à l'extérieur des établissements et sur les réseaux sociaux complètent ce triste tableau. Plus grave, les agressions physiques dans et en dehors de l'établissement, souvent sans témoins, ne sont pas rares.

Il y a enfin des faits qui, même sans agression, sont la marque d'une LGBTphobie ambiante : affiches contre l'homophobie taguées dans une université, propos homophobes décomplexés entendus dans une autre, distribution de

> « Arrête de parler avec ta voix de tarlouze »

manuels homophobes, anti-genre et anti-IVG dans un établissement privé.

Quant aux jeunes trans, c'est la reconnaissance de leur identité qui pose problème (nouveau prénom, identité de genre). Il y a le cas de cette

* *Plusieurs manifestations peuvent être identifiées sur un cas. En conséquence, le total des manifestations est supérieur à 100 %.*

jeune fille qui voudrait savoir si son changement de genre pourrait lui poser problème lors de l'examen du baccalauréat. Malheureusement, selon la législation française actuelle, seul le sexe inscrit sur la carte d'identité a valeur officielle et le changement d'état civil est encore difficile. Les jeunes trans, lors d'un examen, en sont donc réduit·e·s à compter sur la compréhension des surveillant·e·s et des examinateurs·trices (et si possible sur une attestation de leur établissement).

Les auteur·e·s d'agressions à caractère homophobe, biphobe ou transphobe sont le plus souvent les autres élèves. Ils opèrent ouvertement dans l'enceinte de l'établissement, ou insidieusement, sur les réseaux sociaux principalement. Plus grave encore : les agressions sont aussi le fait d'enseignant·e·s. Un cas venu d'une école privée a été signalé, un autre témoignage mentionne des adultes se livrant à des agressions verbales, une assistante d'éducation insulte une élève, un surveillant tient des propos injurieux et LGBTphobes à l'égard de l'appelant, une jeune lesbienne est victime de propos inquisiteurs de la part d'une surveillante d'internat, une professeure aurait dit *« Arrête tes manières de PD »* (mais cette dernière le conteste), un formateur dans une école spécialisée demande à un stagiaire gay d'éviter de parler *« avec [sa] voix de tarlouze »*.

Rappelons-le avec force : les propos orduriers d'un·e adulte envers des élèves, les insultes et les réflexions LGBTphobes – punies par la loi – constituent une faute professionnelle caractérisée, d'autant plus que le corps enseignant se doit de garantir la sécurité physique et psychologique de ses élèves.

Les éléments déclencheurs de tels comportements sont tout d'abord les stéréotypes. Un garçon à l'allure *« efféminée »*, une jeune fille avec une *« grosse voix »* sont moqué·e·s et insulté·e·s. Pratiquer le patinage artistique pour un garçon peut aussi provoquer des moqueries. Les victimes peuvent également être outées par un·e de leurs ami·e·s. C'est le cas de figure le plus fréquent concernant la lesbophobie. Les coming out véritables sont rares mais réels, comme ce garçon courageux qui veut faire en classe un exposé sur les personnes LGBT. Dernier cas de figure : un élève a été vu embrassant son ami ou ayant des gestes de tendresse envers lui et s'est retrouvé agressé verbalement et physiquement. En 2017, cela ne passait toujours pas à l'école.

Les conséquences sont extrêmement graves, même quand les victimes osent faire front. Le désarroi, le mal de vivre, la hantise d'aller à l'école, le changement d'établissement, le sentiment d'isolement, la dépression : tel est le vécu des victimes. Beaucoup ressentent l'homosexualité

« L'homosexualité est fardeau »

comme un poids : *« L'homosexualité est fardeau »*, dit un garçon. Et il y a malheureusement celles et ceux qui ont la *« tentation de se faire du mal »* ou pensent au suicide. Rappelons ici que chez les jeunes victimes de LGBTphobies, la probabilité de tentative de suicide est entre 3 et 7 fois plus élevée que chez les autres adolescent·e·s (INPES, « Les minorités sexuelles face au risque suicidaire », 2014).

Certain·e·s culpabilisent, pensent que c'est de leur faute, vont même jusqu'à intégrer les préjugés homophobes. *« Je suis insulté parce que je suis efféminé »*, nous confie un jeune appelant. Un autre joue à l'hétéro homophobe ! D'autres – deux jeunes filles – réagissent violemment et se mettent elles-mêmes en tort (gifle, dégradation de bien).

Les victimes aimeraient se confier à quelqu'un. Mais beaucoup n'osent pas par timidité, parce que le sujet reste tabou et aussi par peur des conséquences : peur d'aggraver les

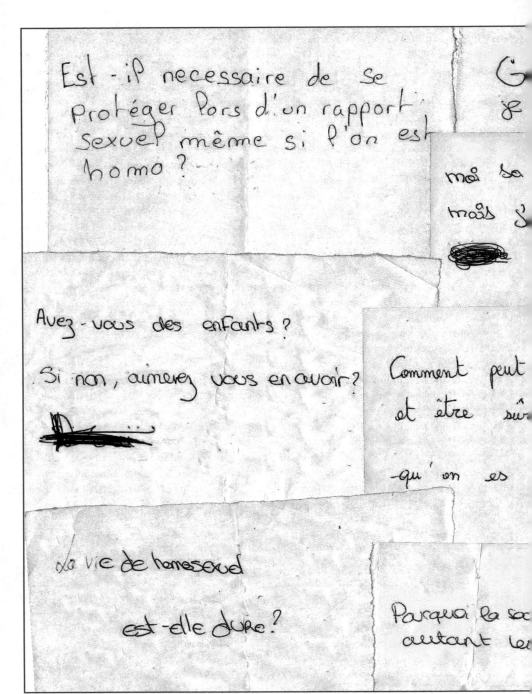

Commentaires d'élèves, intervention de SOS homophobie en milieu scolaire

e à cette conférence
pecte les gays.

derange pas
jamais compris
nqoi?

Comment sa ce passe Les RAPPORTS Sexuel entre gay?

♀♀   ♂♂
♀♂

Love is love

savoir
à 100%
no / lesbienne ?

rejette-t-elle
omosexuels ?

Si vous été des homosexuel at-il était compliqué de se (avouer?

Graffiti homophobe devant l'entrée de Sciences Po

choses, peur de l'outing, ou que leurs parents soient mis au courant et les rejettent. Le dépôt de plainte est dès lors une démarche souvent inenvisageable.

Il y parfois le soutien d'ami·e·s, quant à celui des adultes, il reste trop souvent absent : pas de réaction d'un professeur de 3e à des propos homophobes adressés à l'un de ses élèves.

« Prudence, discrétion, pas d'histoires ! »

« Peut-être n'a-t-il pas entendu ? », se dit l'élève insulté. On peut en douter. Dans un autre cas rapporté, deux jeunes lesbiennes sont renvoyées temporairement de leur établissement scolaire, la CPE donne comme explication que ces deux élèves sont *« ensemble »*. Une amie du couple ayant pris sa défense écope également d'une exclusion temporaire. Dans un lycée, des insultes homophobes sont proférées à l'occasion de la journée de la jupe, aucune sanction n'est prise par le proviseur.

Heureusement, les choses se passent parfois mieux. Des adultes appellent la ligne d'écoute pour avoir des conseils et aider les victimes. L'un d'entre eux, en fonction dans un établissement d'enseignement et lui-même ouvertement gay, a décidé de soutenir activement un élève face aux brimades qu'il subit. Il a appelé SOS homophobie et, sur ses conseils, la victime a écrit à Cestcommeça.net, site de SOS homophobie dédié aux jeunes LGBT (voir focus). Il s'agit là d'un comportement exemplaire, malheureusement isolé.

S'agissant des victimes adultes, leur profil reste difficile à établir. Les hommes ayant indiqué leur âge ont de 30 à 50 ans, les femmes entre 18 et 24 ans. Les manifestations LGBTphobes dont sont victimes les professeur·e·s se caractérisent par des insultes à l'intérieur ou à l'extérieur de l'établissement, sur les réseaux sociaux, via des graffitis dans l'établissement scolaire, etc.

Les problèmes peuvent aussi venir des familles : un parent d'élève a ainsi injurié une enseignante lesbienne. Et il y a des agressions venues de la direction : un chef d'établissement a un comportement inquisiteur, injurie, menace un professeur homosexuel de renvoi. Un autre enseignant est même soupçonné de tendances pédophiles.

L'élément déclencheur est là aussi assez difficile à déterminer car souvent non mentionné. Parfois, la victime adulte est repérée sur un site internet, une autre accuse les élèves de son quartier, une autre enfin a été outée par une collègue.

Comme les jeunes les adultes peuvent sombrer dans la dépression et avoir des idées suicidaires. Cela peut aller pour ces professionnel·le·s jusqu'à l'arrêt-maladie et la demande de mutation. D'autres redoutent les parents d'élèves. Certain·e·s souhaitent néanmoins se défendre, se tournent vers le ou la chef·fe d'établissement ou s'adressent à « l'échelon supérieur ».

Malheureusement ces victimes restent souvent bien seules. Il y a parfois le soutien des collègues mais au niveau de l'institution, les réactions sont souvent minimales. On conseille la *« prudence »*, la *« discrétion »*, c'est la politique du *« pas d'histoires »* ! D'autres ne sont même pas pris·es au sérieux. Un enseignant qui avait fait un cours sur les droits humains et les LGBTphobies s'est heurté à l'hostilité de sa classe. La direction lui a demandé de privilégier d'autres formes de discrimination étant donné *« le profil des élèves et leurs origines »* !

Pour conclure, des progrès ont certes été accomplis : circulaires, plan de lutte contre les violences, ligne d'écoute, interventions en milieu scolaire (en augmentation), agréments académiques et nationaux accordés à des associations dont SOS homophobie, la prise de conscience de nombreux·ses adultes. Mais beaucoup reste à faire : davantage d'interventions et aussi un développement de plans d'actions sur le long terme. Il faut, pour cela, former les adultes en début de carrière puis assurer un suivi continu. SOS homophobie le réclame, l'association est prête à y prendre part.

Grégory est lycéen dans le Sud de la France. Personne autour de lui n'est au courant de son homosexualité, et c'est devenu intenable pour lui. Il n'a pas de vie amoureuse, et se sent étouffé par ce secret qu'il entretient en jouant au garçon macho et homophobe. Il entend des remarques dans son dos et les attribue à son allure qu'il juge « un peu efféminée ». En parler au moins à ses ami·e·s lui semble à la fois indispensable et inenvisageable. Le risque de les perdre le terrifie plus que d'éventuelles insultes. Il refuse d'en parler avec ses parents qu'il croit pourtant plutôt tolérant·e·s. Des professeur·e·s ont remarqué qu'il n'allait pas bien mais il n'envisage pas de se confier à l'un·e d'entre eux. Cette situation le ronge, il ne dort plus, il ne veut plus aller au lycée, et il a des pensées suicidaires.

Karine est une jeune lycéenne bie de la région parisienne. Elle est régulièrement agressée verbalement par d'autres élèves : insultes, propos haineux. Elle est très isolée. Quelques ami·e·s la soutiennent mais ses parents ignorent tout. Elle veut être forte, ne pas craquer au lycée, mais elle craint de ne pas pouvoir tenir le coup longtemps. Elle a renoncé à en parler à l'infirmière de son établissement car elle ne se sent pas à l'aise avec elle. Elle trouve d'ailleurs les adultes de son lycée distant·e·s. Heureusement une professeure la comprend et la soutient.

Yann est un collégien de 15 ans. Depuis que les autres élèves ont appris son homosexualité, il essuie des brimades à longueur de journée. Il a reçu des coups à plusieurs reprises. Il a peur d'en parler à ses parents, aux professeur·e·s et à la conseillère d'éducation. Il se confie seulement à sa meilleure amie. Il se sent très mal et n'en dort plus la nuit.

Audrey travaille dans un collège de la région parisienne. Elle est lesbienne, ne se cache pas auprès de ses collègues, mais reste très discrète envers les élèves. Malheureusement, à l'extérieur de l'établissement, elle a été outée auprès de certain·e·s des élèves par une ancienne collègue. Elle s'en est tenue à ses principes de discrétion et n'a pas répondu à leurs questions. Mais les informations ayant été amplement déformées par la rumeur, ce sont des familles que sont venus les problèmes. Il y a même eu des insultes dans son dos, une collègue les a entendues. La cheffe d'établissement l'a convoquée. Elle lui a demandé de se justifier et vivement conseillé la discrétion. Bien que cela corresponde à son attitude envers les élèves, elle est très énervée que cette requête vienne de la cheffe d'établissement. Elle se demande si cette dernière aurait les mêmes exigences envers un·e adulte hétérosexuel·le.

Pierre est un jeune adulte travaillant dans un lycée en Gironde. Il est ouvertement gay et cela ne lui pose pas de problème. Il a contacté l'association pour faire part de la souffrance de Thomas, un de ses élèves. Ce dernier a été vu embrassant son petit ami. S'en sont suivis des insultes, des crachats, des menaces de mort et même des coups. Pierre a heureusement pu mettre un terme à l'agression et a fait en sorte que les coupables soient punis. Il nous fait part de son inquiétude pour ce jeune élève. Ce dernier est néanmoins soutenu par son frère, très remonté contre les agresseurs. Les parents – a priori très ouverts selon lui – ne sont pas au courant. À la demande de la CPE et en accord avec la direction, Pierre a accepté d'être un soutien pour ce jeune. Il a eu une longue conversation avec lui, durant laquelle Pierre s'est rendu compte que Thomas allait mal. Il se sent coincé, il a peur que ses parents apprennent son homosexualité, et de ce fait le dépôt de plainte lui parait inenvisageable. Il n'a que son frère et Pierre pour le soutenir. Celui-ci lui a conseillé d'écrire à Cestcommeca.net, ce qu'il a fait. Pierre se montre personnellement très ému, très affecté. Ce que ce jeune élève subit lui rappelle sa propre expérience de lycéen, le renvoie à ce qu'il a dû affronter et à la solitude dans laquelle il se trouvait à cette époque. Il lui a fallu beaucoup de temps pour surmonter tout cela et parvenir à s'affirmer sereinement et sans honte. C'est pour cela qu'il tient tellement à aider ce jeune en difficulté.

La parole à… Véronique ELÉDUT

Je suis conseillère principale d'éducation au lycée J.-B. Corot de Savigny-sur-Orge depuis 1999. J'ai vu au cours de ces années l'évolution des élèves dans leur perception et leurs représentations des personnes LGBT. Lorsque nous avons commencé le travail de prévention des discriminations homophobes en 2006, avec l'aide de l'association SOS homophobie, il s'agissait surtout de prévenir les propos blessants qui auraient pu heurter les élèves LGBT qui les entendaient. Cela partait du présupposé que ces jeunes qui ne déclaraient pas leur orientation sexuelle pouvaient être affecté·e·s par les injures courantes qu'on entendait alors. Il nous paraissait donc utile de lutter contre ces propos pour éviter à ces jeunes d'avoir une mauvaise estime d'eux·elles-mêmes et de souffrir de ce qu'ils·elles étaient. Au fil du temps, l'homophobie ordinaire semblait en recul et seul·e·s les plus « radicalisé·e·s » des homophobes subsistaient, et le faisaient savoir ! Leurs manifestations s'accompagnaient de propos violents voire haineux, comme un « baroud d'honneur », avec l'énergie désespérée de celui·celle qui se sent devenir minoritaire. L'évolution positive reposait donc sur le fait que la marginalité était passée dans le camp des homophobes. Le respect et la bienveillance mutuels rassemblaient tou·te·s les autres, LGBT ou non, ce qui renforçait la notion de vivre ensemble à laquelle nous sommes très attaché·e·s.

Plus récemment, nous avons assisté à une véritable révolution des mentalités à l'occasion du débat sur le mariage pour tou·te·s. La visibilité des personnes LGBT, dans toute leur diversité, s'en est trouvée renforcée. Leur légitimité à aspirer aux mêmes droits que le reste de la société a été mise en évidence. Ce qui me frappait le plus était l'incompréhension répandue chez les élèves du fait que des personnes puissent s'opposer aux droits d'autrui dès lors que cela « ne leur retire rien ». On a alors pu voir aborder, dans les IMS (interventions en milieu scolaire), des questions philosophiques, éthiques, notamment sur la question du désir d'enfant. Après avoir abordé les discriminations sous le seul éclairage de la fraternité avec les personnes LGBT, on questionnait alors la capacité d'un état de droit à garantir l'égalité de tou·te·s.

En une décennie, une telle évolution est assez surprenante… Les intervenant·e·s de l'association ont donc dû s'adapter afin de faire évoluer les débats. Les équipes enseignantes ont également dû s'adapter voire anticiper des demandes nouvelles. Récemment, un élève trans a ainsi pu bénéficier d'un vestiaire neutre au gymnase. Ces avancées ne me font pas oublier que l'on ne saurait se satisfaire d'avoir contribué à marginaliser les manifestations d'homophobie. Une question demeure : que faire avec la frange d'élèves qui refusent de questionner leurs représentations des personnes LGBT ? La transformation des mentalités évolue, la confrontation brutale ne permet que rarement une évolution positive alors peut-être faut-il faire confiance au temps qui fera son œuvre… Restons toutefois vigilant·e·s et poursuivons opiniâtrement nos actions en faveur de la promotion de l'information et du maintien d'un dialogue ouvert avec tou·te·s nos élèves. Nous les aiderons ainsi à mieux comprendre le monde qui les entoure et à agir en citoyen·ne·s éclairé·e·s. Mes remerciements vont une nouvelle fois aux bénévoles de l'association qui nous accompagnent depuis des années dans cette voie.

Véronique ELÉDUT,
conseillère principale d'éducation au lycée J.-B. Corot à Savigny-sur-Orge dans l'Essonne

Politique
LGBTphobie a voté

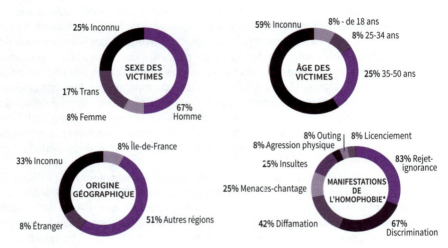

12 témoignages en 2017, correspondant à 12 cas, soit 1 % du total.

Année de campagne électorale pour les élections présidentielle et législatives, 2017 a été marquée par le retour d'une parole publique et la mise en avant de positionnements LGBTphobes sur la scène politique, au sein des institutions gouvernementales ou dans les médias, conduisant les associations, dont SOS homophobie, à s'engager plus que jamais dans l'espace public.

SOS homophobie entre en campagne
En avril et mai 2017, les électeurs et les électrices étaient appelé·e·s à se rendre aux urnes pour les élections présidentielle et législatives. Afin d'éclairer les citoyens et les citoyennes sur les thèmes relatifs aux personnes LGBT, SOS homophobie a mis en place un certain nombre d'outils et de projets. L'association a proposé aux candidat·e·s, aux côtés de l'Inter-LGBT, de remplir un questionnaire afin de mesurer leur intérêt sur les questions LGBT. Cinq candidats ont rempli le questionnaire détaillé : Nicolas Dupont-Aignan, Benoît Hamon, Jean-Luc Mélenchon, Philippe Poutou et Emmanuel Macron. Emmanuel Macron a fait parvenir une réponse générale qui ne lui a pas permis de répondre à l'ensemble des questions détaillées qui lui étaient posées.

Des propositions et mesures LGBTphobes
Les idées et propositions politiques LGBTphobes ont été relayées par plusieurs candidat·e·s tout au long de la campagne

* Plusieurs manifestations peuvent être identifiées sur un cas. En conséquence, le total des manifestations est supérieur à 100 %.

Charte SOS homophobie

Afin d'inciter les candidat·e·s à l'élection présidentielle à s'engager sur les sujets LGBT, SOS homophobie leur a adressé une charte d'engagement moral. Nathalie Arthaud, Jacques Cheminade, Benoît Hamon et Emmanuel Macron l'ont signée. Cette charte encourage le ou la futur·e président·e à s'engager au cours de son mandat contre les LGBTIphobies et pour la mise en place de politiques publiques apportant de nouveaux droits aux lesbiennes, gays, bi·e·s, trans et intersexes.

pour les élections présidentielle et législatives. Fait marquant, François Fillon, représentant d'un parti politique dit « de gouvernement », Les Républicains, a soutenu publiquement l'organisation conservatrice Sens commun, dont les propositions sont LGBTphobes. Le candidat a repris à son compte des propositions telles que la suppression du mariage pour tou·te·s, l'interdiction pour les couples de personnes de même sexe d'adopter, et de recourir à la procréation médicalement assistée (PMA) pour toutes les femmes. Les mesures programmatiques LGBTphobes ont vu leur légitimité amplifiée. Un certain nombre de témoignages reçus par SOS homophobie font part de l'inquiétude et du malaise de certaines personnes face à la montée d'idées LGBTphobes, souvent relayées par les médias.

« Macron PD »

Pendant la campagne électorale de l'élection présidentielle, pour la première fois dans l'histoire, un candidat a dû commenter des rumeurs sur sa prétendue homosexualité ou bisexualité. Pendant plusieurs semaines, l'argument selon lequel Emmanuel Macron est gay a pu être utilisé ou commenté. Une personne ayant apporté son témoignage

Campagne « Libre de »

Afin d'inciter les Françaises et les Français à penser aux droits et libertés de personnes LGBT au moment du vote, SOS homophobie a lancé une campagne de communication #LibreDe. Partant des préoccupations des personnes LGBT, cette campagne était fondée sur des situations vécues par des personnes LGBT et mettait en lumière des revendications phares portées par SOS homophobie. Elle a également contribué à assurer la visibilité des personnes LGBT pendant ce moment politique important.

à SOS homophobie nous a fait part de son étonnement concernant cette polémique en nous communiquant le cliché d'une affiche de campagne du candidat à l'élection présidentielle maculée de l'insulte « PD ».

Affiche dégradée de la campagne du candidat Macron à l'élection présidentielle

et dans l'intérêt supérieur de la préservation des droits et des libertés des personnes LGBT, SOS homophobie a fait le choix d'appeler à voter, pendant l'entre-deux-tours de l'élection présidentielle, en faveur du candidat Emmanuel Macron, « *seule manière de contrer efficacement le risque d'élection de Marine Le Pen à la présidence de la République* », selon le communiqué de presse publié par l'association. Ce choix de la liberté contre la haine était exceptionnel dans la mesure où l'association, apartisane, ne se positionne en principe jamais en faveur d'un·e candidat·e.

Le responsable des « Jeunes avec Laurent Wauquiez » et les LGBTphobies

Les 11 et 12 décembre 2017, Aurane Reihanian, responsable des « Jeunes avec Laurent Wauquiez », a déclaré dans *Libération* que les enfants conçu·e·s par procréation médicalement assistée « *ne devraient même pas exister* ». Ces propos nourrissent et légitiment la haine contre les couples de femmes et leurs enfants. SOS homophobie a donc porté plainte contre Aurane Reihanian pour incitation à la haine et à la violence homophobe.

Des homophobes nommés au gouvernement

Le 17 mai 2017, Journée mondiale de lutte contre l'homophobie et la transphobie, quelques jours après l'élection d'Emmanuel Macron comme Président de la République, Gérald Darmanin était nommé ministre de l'Action et

L'extrême droite aux portes du pouvoir

Marine Le Pen, candidate du Front national, s'est qualifiée au second tour de l'élection présidentielle au soir du 23 avril 2017. La candidate avait, pendant sa campagne, présenté des mesures homophobes et transphobes, telles que la fin du mariage pour tou·te·s, l'interdiction de la procréation médicalement assistée pour les couples de personnes de même sexe et les femmes célibataires, ou encore un retour en arrière des politiques publiques de lutte contre le VIH. Dans ce contexte, des Comptes publics alors qu'il avait déclaré un mois après l'adoption de la loi du 17 mai 2013 sur le mariage pour tou·te·s : « *Si je suis maire de Tourcoing, je ne célébrerai pas personnellement de mariages entre deux hommes et deux femmes.* » SOS homophobie a dénoncé cette nomination et a souligné le fait qu'elle légitimait l'homophobie. Une personne qui a eu des positionnements racistes ou antisémites n'aurait, en effet, jamais été nommée ministre. L'association a également rappelé que le Premier ministre Édouard Philippe avait affiché son opposition à la procréation médicalement assistée dans une tribune signée en 2013 dans le *Huffington Post*.

La parole à… Clémence ZAMORA CRUZ

Assez de cette complaisance envers les LGBTphobies !

Encore cette année, des violences à l'encontre des personnes LGBTIQ+ ont fait la une des médias : un couple d'hommes homosexuels injurié dans une grande surface, un couple de femmes lesbiennes agressé dans un bus, une personne trans battue avec une violence qui fait froid dans le dos ! Malheureusement, ces cas cités ne sont que des exemples de la violence à laquelle les personnes LGBTIQ+ sont confrontées en France.

Force est de constater que malgré les avancées en matière de droits pour les personnes LGBTIQ+, elles continuent à faire face à des violences verbales et physiques dans leur quotidien. En effet, de nombreuses personnes LGBTIQ+ à travers tout l'Hexagone sont victimes de l'effroyable haine LGBTIQ+phobe. Elles font face aux injures, à l'outrage, aux menaces, aux atteintes à la dignité, au harcèlement, aux discriminations, au viol voire au meurtre. Le rapport de SOS homophobie montre la partie la plus visible de l'épouvantable iceberg des LGBTIQ+phobies.

Cette violence à l'égard des personnes LGBTIQ+ est attisée par les discours décomplexés de groupes se mobilisant contre l'avancée des droits pour les personnes LGBTIQ+. Ces paroles de haine sont permissives car elle poussent des personnes à commettre des actes LGBTIQ+phobes. Par exemple, sur Internet, la parole homophobe, lesbophobe, biphobe, transphobe s'exprime sans complexe, provoquant des dégâts sur la santé des victimes et notamment chez les plus jeunes.

La violence contre les personnes LGBTIQ+ et notamment contre les personnes trans et non binaires rejoint fréquemment d'autres axes d'oppression prévalant dans la société, tels que le racisme, le sexisme, la xénophobie et la discrimination basée sur des stéréotypes de genre. Fin mars 2018 une vidéo ignoble sur les réseaux sociaux a fait son apparition montrant *« une brigade anti-trav »* qui attaquait avec une violence inouïe des personnes trans, certaines travailleuses du sexe et migrantes.

Il y a aussi les violences invisibles, ces violences d'État qui, par manque de courage politique à légiférer favorablement à l'avancée des droits des personnes LGBTIQ+, laisse des familles dans des incertitudes juridiques. Par exemple, concernant la filiation il est temps de mettre fin au fait que des parents aient à adopter leurs propres enfants parce que c'est inadmissible que des familles se trouvent dans des batailles juridiques épuisantes, stressantes et souvent stigmatisantes pour faire reconnaître leurs enfants. Il est nécessaire, également, de mettre en place une procédure de changement d'état civil pour les personnes trans basée uniquement sur l'autodétermination de la personne concernée, une procédure qui devrait être une simple démarche administrative. Puis il est urgent d'ouvrir la PMA à tou·te·s les personnes la demandant. Il est temps d'arrêter les débats sur la PMA car derrière ces débats se cachent la misogynie, la lesbophobie et la transphobie. L'ouverture de la PMA à toutes les femmes est une question de santé publique.

Face aux violences dont les personnes LGBTIQ+ sont la cible le mouvement LGBTIQ+ continuera à faire en sorte d'encourager la libération de la parole des victimes pour dénoncer ces actes inacceptables.

De même, le mouvement LGBTIQ+ continuera à se lever et se mobiliser pour continuer à se battre pour une société inclusive et respectueuse de la diversité, des éléments nécessaires pour le bien vivre ensemble.

Clémence ZAMORA CRUZ,
porte-parole de l'Inter-LGBT

Religions
À la source des LGBTphobies

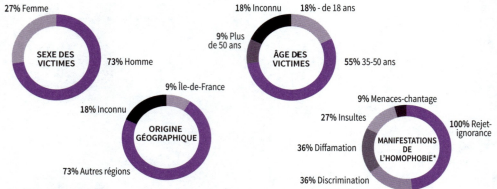

11 témoignages en 2017, correspondant à 11 cas, soit 1 % du total.

Le discours des trois grandes religions monothéistes continue de donner des justifications religieuses aux LGBTphobies, contribuant ainsi à l'intolérance et au rejet des personnes LGBT. Or le discours religieux a encore une forte influence sur la société : près de trois quarts des Français se déclarent appartenir à l'une des religions monothéistes (61 % sont catholiques, 7 % musulman·e·s, 4 % protestant·e·s et 1 % juifs·ves)[1].

Seulement 11 témoignages reçus au cours de l'année 2017 ont été classés dans la rubrique religions, car les faits mentionnés concernaient des paroles ou des actes faisant explicitement référence à des arguments religieux[2]. Cependant, de nombreux témoignages, en particulier ceux classés dans la rubrique famille, mentionnent la religion comme un élément de contexte expliquant les paroles et comportements de haine anti-LGBT.

Il est difficile de tirer des tendances générales des témoignages reçus par SOS homophobie. Cependant, depuis plusieurs années, les agressions verbales personnelles directes, au nom de la religion, s'observent principalement dans les contextes religieux. Dans les trois grands monothéismes, les LGBTphobies peuvent se traduire par des publications stigmatisant les personnes LGBT en tant que groupe, par des pressions de puissants réseaux d'influence contre les droits des personnes LGBT ; ou bien, quand il s'agit d'atteinte directe à des personnes, par des rejets ou l'invitation à nier son orientation sexuelle ou son identité de genre.

Catholiques : le difficile positionnement des croyant·e·s face à un discours officiel LGBTphobe

En 2017, le discours homophobe de l'épiscopat catholique et de grandes associations

---

1 Sondage IFOP / Journal du dimanche 2011 : http://www.ifop.com/media/poll/1479-1-study_file.pdf

2 Sur ces onze témoignages, sept concernaient des catholiques, deux des musulmans, un des Témoins de Jéhovah, un des syncrétistes « médiumniques ».

* Plusieurs manifestations peuvent être identifiées sur un cas. En conséquence, le total des manifestations est supérieur à 100 %.

conservatrices comme AFC ou Alliance Vita s'est focalisé sur le projet d'ouverture de la procréation médicalement assistée (PMA) avec donneur aux couples de femmes et aux femmes célibataires. Des slogans du type *« commande d'enfants sur catalogue »*, *« marchandisation du corps »*, *« enfants privés de père »* popularisés par la Manif pour tous ont été diffusés. D'autres arguments stigmatisants pour les personnes LGBT ont été repris bien au-delà de la sphère catholique.

Sur les autres fronts, en particulier sur la question du mariage et de l'adoption par des couples de personnes de même sexe, les catholiques sont de plus en plus divisé·e·s. Il y a d'un côté une forte minorité conservatrice ou intégriste, bruyante, organisée avec des structures disposant de forces militantes et de moyens financiers importants, qui continue de rejeter les couples et les familles homoparentales. Ces discours virulents se traduisent par des agressions verbales vécues dans le milieu familial, dans les lieux publics, dans les médias ou dans le milieu professionnel. Puis il y a une majorité silencieuse plus ouverte et plus inclusive qui ne se reconnaît pas dans le discours conservateur de l'Église instituée. Des mouvements peu puissants et minoritaires ont une parole d'ouverture claire, tels que Témoignage chrétien ou la Conférence catholique des baptisé·e·s francophones. Face au discours officiel de l'Église instituée, les catholiques et certains membres du clergé ont fait le choix de ne plus aborder le sujet et d'éviter tout débat interne sur ces questions.

Ce tabou autour des débats liés à l'homosexualité s'est illustré dans le grand quotidien catholique *La Croix*. En 2017, ce journal a ainsi parlé de la réception officielle du Premier ministre luxembourgeois Xavier Bettel en mars au Vatican en passant sous silence la présence de son mari à ses côtés, alors que ce fait a été à la une de nombreux médias. De même, *La Croix* a évoqué l'assassinat du policier gay Xavier Jugelé sur les Champs-Élysées en avril en présentant son compagnon de façon telle qu'il aurait pu s'agir d'un simple collègue. Leur mariage posthume n'a pas été mentionné. De plus, pour ne citer que quelques exemples, *La Croix* est parvenue cette année à parler des films *120 battements par minute* et *Imitation Game* sur Alan Turing sans utiliser le mot « homosexualité »… Cela contribue à l'invisibilisation des personnes homosexuelles et empêche les personnes concernées de pouvoir se projeter dans des modèles positifs.

Des initiatives profondément homophobes continuent d'être pleinement tolérées par l'Église. Des stages ou réunions visant à *« accompagner »* ou *« aider »* les personnes LGBT ont été organisés du 1er au 6 août 2017 par la Communauté de l'Emmanuel. Ils invitaient les personnes LGBT à nier leur orientation sexuelle ou leur identité de genre par l'abstinence sexuelle. SOS homophobie dénonce et combat ces événements qui sont une négation de l'état des personnes.

Protestant·e·s : une grande diversité et la persistance d'une frange conservatrice

Les protestants « historiques » (luthériens et réformés, regroupés dans l'Église protestante unie de France, EPUF) ont pris une grande longueur d'avance sur l'accueil et l'inclusion des personnes LGBT. La décision historique d'autoriser les bénédictions d'unions homosexuelles prise en 2015 au terme d'un long processus de débat a marqué un tournant. Cette décision a été rejetée par une minorité d'environ 15 % des pasteurs, regroupés au sein du mouvement des Attestants. Cependant, cela n'a pas entraîné de rupture, et un certain apaisement semble en cours.

Ce n'est pas le cas du côté des nouvelles églises protestantes « évangéliques ». Celles-ci constituent une mosaïque de communautés indépendantes conduites par des leaders charismatiques, et représentées au niveau institutionnel par le Conseil national des évangéliques de France (CNEF). Certaines de ces communautés tiennent des discours violemment homophobes. Elles proposent souvent une lecture assez fondamentaliste de la Bible. Ces positions crispées sur les évolutions sociétales les rapprochent des catholiques conservateurs. Cela a contribué à accélérer en 2017 le dialogue institutionnel entre les Églises évangéliques et catholique, malheureusement au détriment des droits des personnes LGBT.

Musulman·e·s : une opposition qui perdure entre discours conservateur et tendances plus modérées

Les communautés musulmanes en France ne disposent pas de médias ou de groupes de pression aussi importants que ceux de la sphère catholique, qui est ainsi capable de tenir un discours public audible. L'influence du discours LGBTphobe passe par les prêches de certains imams, par les réseaux sociaux et par la diffusion de livres et brochures. Ainsi, une des personnes ayant témoigné auprès de SOS homophobie en 2017 relate avoir reçu dans sa boîte aux lettres le livre d'un prédicateur, Adnan Oktar (alias Harun Yahya), qui comporte des incitations à la haine envers les personnes LGBT. Ces discours virulents se traduisent par des agressions verbales vécues dans le milieu familial et dans le milieu du travail, comme en attestent certains de nos témoignages.

Dans ce contexte, les associations musulmanes ouvertes et inclusives pour les personnes LGBT restent minoritaires. À cet égard, le travail de l'association Homosexuels musulmans 2 France (HM2F) est essentiel.

Laurence, région Centre :
« Il ne s'agit pas d'une agression à proprement parler, mais question homophobie on est en plein dedans. C'est une fiche d'information trouvée dans une église, mise à la disposition des visiteurs pour leur expliquer comment réagir face à l'homosexualité. »
Extraits de cette fiche publiée par « Croire » intitulée :
« Face à l'homosexualité, quelle est la position de l'Église ? »[1] :
« Un bouleversement total. En quelques années, un retournement complet s'est opéré dans les mentalités. Autrefois, l'homosexualité était condamnée aussi bien par l'Église que par la société. D'ailleurs, on n'en entendait quasiment jamais parler. C'était une réalité lointaine, cachée. Aujourd'hui, c'est tout l'inverse. Les couples homosexuels se sentent libres de vivre leur amour aux yeux de tous et ceux qui y trouvent à redire ne sont pas les bienvenus… Refuser les discriminations ne signifie pas tout accepter : […] L'Église demande aux personnes homosexuelles de vivre dans la continence. [...] L'Église refuse de reconnaître les unions homosexuelles, et bien entendu "le mariage homosexuel". […] La distinction entre la fonction éducative et la filiation concrète, charnelle, est sévèrement critiquée par l'Église. […] On ne peut pas faire courir le risque de troubles psychologiques à des enfants élevés dans des conditions aussi particulières. »

Nathalie, 35 ans, Nord :
« Je suis lesbienne et catholique pratiquante. Le prêtre de ma paroisse m'a demandé de faire partie des animateurs pour une formation sur la Bible et la pensée sociale de l'Église, avec d'autres bénévoles […].
J'ai regardé le programme et il n'y avait rien sur le mariage et la famille.
J'ai donc dit oui. Je devais suivre une session de préparation avec d'autres. Mais au dernier moment l'évêque a barré mon nom de la liste

---

1 *Ces fiches « Croire » sont liées au groupe de la revue* Prions en Église, *une publication mensuelle diffusée chez les catholiques*

des animateurs en disant : *"Non, elle est homosexuelle et militante, elle ne peut pas être animatrice de la formation."* Il a pris sa décision seul. Je l'ai su car il a demandé à un diacre qui s'occupe de cette formation de m'appeler. Pas d'écrits. Pas de traces. Pas de dialogue. J'en ai parlé autour de moi. Beaucoup de catholiques sont très choqué·e·s par cette décision. Ils ont écrit à l'évêque, ils l'ont rencontré. L'évêque n'a pas changé de position. Il m'a écrit une lettre en me demandant pardon de m'avoir blessée, sans dire à propos de quoi. Je suis dégoûtée. J'ai décidé d'arrêter de rendre service dans ma paroisse et de me mettre à distance de cette institution sexiste et homophobe. »

La parole à… Alain BEIT

« **L'homophobie existe aussi chez nous, les Juifs** »

En mars 2017, le livre *Judaïsme et Homosexualité, 40 ans d'histoire du Beit Haverim* [1], premier ouvrage francophone traitant du sujet, fut publié. De nombreux rabbins libéraux et massortis ont contribué à l'ouvrage. Mais pour les rabbins du consistoire israélite, institution centrale conservatrice gérant le culte juif en France, la participation fut maigre. Sur les 24 rabbins que j'ai sollicités, seul le rabbin de Neuilly, que je remercie encore, accepta de participer. Même le grand rabbin de France ne fut « *pas disponible* » pour nous écrire un texte original condamnant l'homophobie parmi les Juifs français. C'est dire le malaise que cause le sujet chez la majeure partie des rabbins. L'un d'entre eux m'expliqua son refus : « *L'homosexualité étant "une faute", il ne faut pas l'exhiber sur la place publique et encore moins fonder un club regroupant les "pécheurs" la commettant. Les Juifs mangeant du porc n'ont pas, eux, créé d'association, et ne revendiquent pas leur fierté de manger du cochon.* » Cet amalgame aberrant montre clairement le manque d'éducation des instances religieuses sur le sujet. Cette comparaison est d'autant plus fallacieuse qu'elle met sur le même plan un choix, alimentaire, et un non-choix, l'orientation sexuelle. Doit-on encore préciser les difficultés de se faire accepter par soi-même et son entourage ?

D'ailleurs, les actes du consistoire questionnent. Ils ont invité en septembre pour une conférence le rabbin israélien Shlomo Amar [2], connu pour ses propos misogynes et homophobes. Le Beit Haverim s'est associé avec d'autres associations juives pour dénoncer cette provocation. Mais le président du consistoire a clairement ignoré nos protestations.

L'homophobie naît principalement du manque de connaissances sur l'homosexualité et de l'absence d'humilité pour le reconnaître. Sur le site Torah-Box par exemple, une internaute pose la question au Rav Bitton : « *J'aimerais savoir comment guérir de l'homosexualité* [3]. » Il répond en expliquant que la guérison passe par une psychothérapie de longue durée, l'étude, les dons aux pauvres, et par les pleurs lors des prières quotidiennes. On atteint ici un rare niveau d'inconscience et d'irresponsabilité. Mesurent-ils les ravages sur un adolescent en questionnement ? Sur les pressions subies pour épouser une femme et la rendre elle aussi malheureuse ?

L'homophobie chez nous connaît une certaine saisonnalité. En dehors des manifestations

---

1 http://larchemag.fr/2017/03/27/3091/le-beit-haverim-fete-ses-40-ans-avec-la-sortie-dun-livre/
2 http://www.bfmtv.com/societe/la-venue-a-paris-d-un-grand-rabbin-de-jerusalem-aux-propos-contestes-fait-polemique-1254559.html
3 http://www.torah-box.com/question/comment-soigner-l-homosexualite_56.html

ponctuelles du Beit Haverim[4] (comme le calendrier, le clip « les Reines de Pourim », la comédie musicale *Yalla*...), la violence des propos atteint son paroxysme lors des gay prides de Tel Aviv et Jérusalem. L'un des reproches récurrents est *« Comment osent-ils souiller le sol de la terre sainte »*, soulignant au passage notre *« impureté »*. Pour la Marche des fiertés de Paris, notre judaïsme a été mis en cause cette année car nous défilions pendant chabbat. Aveuglés par la vision caricaturale des prides, ils ne saisissent pas la dimension politique de notre marche.

Même les milieux juifs étudiants ont leur frange conservatrice. Un jeune de vingt ans, soupçonné d'homosexualité, a été privé de l'allumage de la première bougie de Hannouka[5] en décembre dernier. Il a réussi à se faire ouvrir les portes d'une autre soirée mais à quel prix : en niant son homosexualité !

Mais pour autant, à l'instar des lumières de Hannouka, nous gardons la foi. Notre visibilité finira par adoucir les mentalités.

Alain BEIT,
Beit Haverim, groupe juif LGBT de France

---

4 https://www.youtube.com/watch?v=hX1MAfSPSS4
5 http://frblogs.timesofisrael.com/quand-lombre-chasse-la-lumiere-de-hanoukka/

Santé-Médecine
Les LGBTphobies, ça se soigne

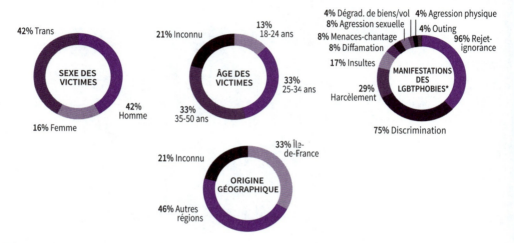

27 témoignages en 2017, correspondant à 24 cas, soit 2 % du total.

Le nombre de cas d'actes d'homophobie et de transphobie signalés dans le secteur de la santé ne diminue pas par rapport à l'année précédente (24 en 2017 contre 23 en 2016). Les appelant·e·s sont plutôt jeunes, les moins de 35 ans représentent un peu plus des deux tiers des victimes. Fait marquant cette année, contrairement aux années précédentes, les témoignages en 2017 dans ce contexte concernent principalement les personnes trans, avec 42 % du nombre de témoignages.

Environ 33 % des appelant·e·s sont situé·e·s en Île-de-France, un peu moins de la moitié (46 %) vivent dans d'autres régions de France.

L'ignorance ou le rejet (96 %) et la discrimination (75 %) sont les premières manifestations des LGBTphobies dans le domaine de la santé. Ensuite on retrouve le harcèlement (29 %), puis les insultes (17 %), les menaces et/ou le chantage, la diffamation et les violences sexuelles (8 % pour les trois cas) et pour finir les violences physiques, la dégradation de biens et/ou les vols et l'outing (4 % dans les trois cas).

Comparaison choquante des enfants né·e·s par PMA à des OGM

En septembre 2017, Marlène Schiappa, secrétaire d'État chargée de l'égalité entre les femmes et les hommes, annonce que le gouvernement devrait soumettre, dès 2018, un projet d'ouverture de la procréation médicalement assistée (PMA) à toutes les

Plusieurs manifestations peuvent être identifiées sur un cas. En conséquence, le total des manifestations est supérieur à 100 %.

Tweet signalé à SOS homophobie, 2 octobre 2017

femmes. Ce projet s'inscrit dans la révision de la loi bioéthique. La haine commence alors à se manifester dans les grandes villes, avec des affiches, des autocollants, des pochoirs au sol de la Manif pour tous comparant les enfants né·e·s par PMA à des OGM. SOS homophobie a fermement dénoncé ce positionnement inacceptable. Marlène Schiappa a réclamé le *« retrait »* de cette campagne. Pourtant, les visuels insultants sont toujours présents dans les lieux publics et sur la Toile (cf. tweet ci-dessus).

Don du sang : l'abstinence, encore et toujours

Malgré l'évolution des conditions du don de sang depuis 2016, les hommes ayant ou ayant eu des relations sexuelles avec des hommes (HSH) doivent respecter une période d'abstinence de 12 mois a minima pour être donneurs. La France connaissant une légère pénurie de sang durant l'été 2017, l'Établissement français du sang (EFS) déclare à France Info : « *La France ne dispose actuellement que de 80 000 poches de sang quand il en faudrait 100 000 pour assurer les besoins des malades.* » Par ailleurs, en décembre 2017, le Conseil d'État a rejeté la demande d'associations qui réclamaient la disparition de la condition d'abstinence d'une durée de 12 mois pour les hommes gays et bis. Afin de mettre un terme à la stigmatisation des hommes gays et bis, il serait bon que, pour mieux définir qui peut donner son sang et qui ne le peut pas, les pouvoirs publics se fondent sur le critère des comportements à risque et non celui de l'orientation sexuelle.

Accès aux soins funéraires pour les personnes porteuses du VIH : une avancée majeure

En juillet 2017, un arrêté pris par la ministre de la Santé, Agnès Buzyn, lève l'interdiction de pratiquer des soins funéraires sur les corps des personnes décédées porteuses du VIH ou de virus hépatiques. Entrée en vigueur le 1er janvier 2018, cette mesure permet à présent aux proches du défunt ou de la défunte de se recueillir. Le syndicat des thanatopracteurs a toutefois déclaré qu'il refuserait d'appliquer la levée de l'interdiction des soins funéraires pour les personnes porteuses du VIH. Plusieurs associations, dont AIDES, Élu·e·s contre le sida, Sidaction, Act Up et SOS homophobie, ont dû défendre la bonne application de l'arrêté dans un communiqué de presse. Cette tentative de retour en arrière illustre la persistance des idées reçues sur les personnes vivant avec le VIH. La sérophobie demeure un phénomène réel.

Témoignages de LGBTphobies dans le milieu médical

Dans le secteur de la santé, les appelant·e·s sont victimes d'ignorance et/ou de rejet dans les trois quarts des cas. Plusieurs situations sont fréquemment vécues par ces victimes. Tout d'abord les discriminations liées à l'identité de genre (transphobie) dans les centres hospitaliers ou au cours de rendez-vous avec des spécialistes. Puis se présente la gayphobie, toujours accompagnée par la transphobie, dans tout ce qui touche au don du sang. Et la lesbophobie est quant à elle vécue le plus souvent dans le milieu gynécologique.

Mépris et ignorance

Alice est une femme trans militaire. Elle est victime de transphobie durant une visite médicale. « Le médecin militaire refuse de m'accorder l'aptitude au renouvellement de contrat tant que je ne suis pas opérée. » *Le médecin lui propose de lui rendre son aptitude si elle* « chang[e] d'avis ». *Il ne la lui accordera pas sans opération de réassignation sexuelle effectuée.*

Jade nous parle de son parcours de transition. Les relations entre elle et sa thérapeute sont catastrophiques : elle lance régulièrement des phrases telles que « c'est moi l'experte, c'est moi qui décide de votre parcours », *fait des généralités,* « on vous connaît tous [les trans] » *et la menace :* « Si vous n'êtes pas contente, vous n'avez qu'à aller en Thaïlande ! » *Jade est choquée :* « Je me sens en souffrance. Tout est vide. »

Luke souhaite faire reconnaître sa transidentité depuis 2012, mais, comme il nous l'explique, cela est « très compliqué » *parce qu'il est schizophrène. Suite à de nombreuses hospitalisations dans des services différents, le personnel soignant le mégenre. Seule sa psychiatre attitrée est compréhensive avec lui et l'a adressé à un* « psychiatre spécialisé en transidentité » *qu'il va voir bientôt à Paris.*

Solène est une femme transgenre de 19 ans en cours de transition. Souhaitant donner son sang, elle a récemment eu un entretien avec un médecin, durant lequel il a « eu des propos transphobes », *puis qui l'a* « foutue à la porte de l'établissement ». *Ce médecin lui a également dit :* « Ça ne sert à rien de revenir parce que vous n'avez pas le droit. »

Élise est une jeune trans de 21 ans qui vit dans la région toulousaine. Elle est sous hormonothérapie depuis quelques mois. Elle souhaite conserver ses gamètes en vue d'une éventuelle future parentalité. Ayant pris contact avec le CECOS de sa région, celui-ci le lui a refusé « en [lui] opposant les mêmes conditions que celles posées pour le changement d'état civil des personnes trans avant le changement de législation fin 2016 ».

Le virus de la lesbophobie

Julie, lesbienne de 60 ans, a été victime d'un cancer qu'elle pensait avoir vaincu jusqu'à une récidive trois ans plus tard. Elle reprend donc la chimiothérapie dans une clinique du Sud où elle est suivie par un oncologue. Au fur et à mesure, elle s'est liée d'amitié avec la secrétaire de son médecin, jeune femme lesbienne d'une trentaine d'années. Cette amitié a été « très mal perçue » *par des membres du service. Ces dernières se sont dites* « scandalisées » *et ont commencé à* « parler dans [le] dos » *de Julie, par exemple :* « Elle est en train de draguer cette jeune. » *Julie nous raconte que ces personnes peuvent* « [la] fixer pendant un certain temps ou passer brusquement devant [elle] ». *Après le départ de la secrétaire, le harcèlement continue pour Julie. Il va même la suivre jusque dans le cabinet de son médecin traitant qui est* « en bons termes avec la clinique » *et qui a changé de comportement avec Julie. Elle se sent victime de harcèlement et d'homophobie.*

Laura est une femme lesbienne de 37 ans. Elle a un enfant de 21 mois. Elle s'est rendue chez son médecin mais, ce dernier étant en congé, elle a eu affaire à son remplaçant. Elle lui a demandé « un médicament approprié à l'allaitement », *le médecin lui a répondu :* « Vous l'allaitez toujours à 21 mois ? Vous voulez en faire un PD ? » *Il a également* « refusé de [lui] prescrire un traitement adapté à [s]a demande ». *Laura s'est sentie* « très choquée par ces propos ».

De la gayphobie en hôpital

Charles est un homme de 42 ans atteint de la maladie de Crohn depuis quelques années. Il est suivi dans un hôpital par un gastroentérologue. Après avoir fait un malaise un matin, Charles se rend aux urgences par le biais d'une ambulance. On le place dans un box. Alors qu'il n'est encore que semi-conscient, Charles entend : « De toute façon il est homo, c'est normal. » *À ce moment-là il n'a pas reconnu qui avait parlé, mais il entendait* « d'autres voix rire et se moquer ». *En reprenant ses esprits, Charles ne s'est pas laissé faire et s'est plaint à un médecin des urgences. Ce médecin lui a lancé :* « Vous avez tout ce que vous méritez, c'est parce que vous êtes homo, et si vous n'êtes pas content, la sortie c'est tout droit. » *Charles est donc parti de l'hôpital. Il est* « très choqué ».

Thibault est hospitalisé pendant un mois pour sevrage alcoolique. Durant ce séjour, il se retrouve victime d'insultes homophobes de la part d'autres patients, qui le traitent de « PD » *et* « grande folle ». *Thibault se plaint auprès du personnel soignant qui ne fait rien en arguant qu'il s'agit d'une* « affaire entre patients ». *À sa sortie de l'hôpital, Thibault remarque que dans le compte rendu psychiatrique il est écrit :* « Monsieur X s'exprime de façon théâtrale et d'une manière qui rend difficile son intégration avec les autres patients. » *Il aurait également* « une tendance à la surinterprétation ». *Thibault nous avoue être* « traumatisé par son séjour » *et avoir* « morflé ».

La parole à… Aurélien BEAUCAMP

Ainsi donc, nous serions en mauvaise santé.

C'est vrai. Nous fumons plus que les hétéros, nous buvons plus que les hétéros, nous nous droguons plus que les hétéros, notre suivi médical est plus mauvais que celui des hétéros.

Mais alors, que se passe-t-il ? Pourquoi nous ? Serait-ce génétique ? Est-ce notre fatalité ? À l'inverse, l'hétérosexualité serait-elle gage de bonne santé ?

Il faut croire que le fait de ne pas avoir le droit de vivre comme tout le monde – pardon, soyons précis : ne pas avoir le droit de ne pas être comme tout le monde – nous expose à des risques, parfois mortels, et nuit à notre santé.

Parce que non, sans griller trop tôt le scoop : notre mauvaise santé n'est pas génétique. Notre mauvaise santé est le résultat des discriminations dont nous sommes victimes, même si ce mot nous révulse tant il est lié à notre identité et notre rapport aux soins. Car si les personnes trans sont en mauvaise santé, c'est avant tout parce qu'elles subissent une violence institutionnelle qui va jusqu'à nier leur capacité d'auto-détermination. N'en déplaise à la SOFECT, nous nous battrons jusqu'au bout et nous continuerons à nous battre pour la dépsychiatrisation du parcours de transition.

Et nous y parviendrons. Mais dans l'intervalle, combien de victimes ?

Si les gays meurent à nouveau, ce n'est pas à cause du VIH ou de l'hépatite C qui continuent pourtant leur belle progression dans nos communautés. Non, les gays meurent d'overdose de solitude et de produits de synthèse. Nous pouvons continuer à regarder le phénomène du *chemsex** sous l'angle sanitaire, ou assumer ce qu'il dit de l'état de notre communauté. Toujours plus compétitive, violente et excluante. Le parfait reflet du monde extérieur en quelque sorte. Seulement voilà, certains gays meurent et quelque part d'autres gays s'en foutent. Il faut que cela s'arrête. Pendant ce temps, on continue à ergoter sur la PrEP alors que son efficacité crève les yeux de ceux qui veulent bien voir. Nous avons les moyens d'enrayer l'épidémie de VIH/sida, et c'est à se demander si nous le voulons vraiment.

Nos sœurs lesbiennes, confrontées à un milieu médical qui ne les connaît pas, sont en déficit de suivi gynécologique, empêchées de procréer comme elles l'entendent, et souffrent de violences obstétriques, « *comme les autres femmes* », nous dira-t-on.

Non, c'est encore pire. Et quand bien même devrions-nous nous en contenter ?

Mais le problème majeur, dans tout ça, c'est le silence. Mais aussi le silence entre nos différentes communautés. Nous souffrons en silence et étouffons notre colère quand nous ne la retournons pas contre nous-mêmes.

Il faut que cela cesse.

Plus que jamais, la défense de nos identités est un combat. Non, nous ne voulons pas tou·te·s vivre comme les autres. Nous voulons pouvoir être nous-mêmes sans être discriminé·e·s, sans que cela ait le moindre impact sur notre santé.

Nous n'irons pas mieux si nous n'arrivons pas à en finir avec toutes les discriminations qui pèsent sur nos vies. Chez AIDES, nous croyons dans cette capacité collective à changer les choses. Rejoignez le combat, notre combat.

*chemsex : ce phénomène dangereux consiste à associer sexe et prise de drogues.

Aurélien BEAUCAMP,
président de AIDES, première association de lutte contre le sida et les hépatites en France

Sport
Le match est loin d'être gagné !

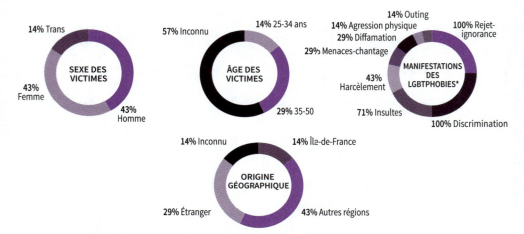

7 témoignages en 2017, correspondant à 7 cas, soit 0,5 % du total.

L'organisation des Gay Games pour la première fois en août 2018 à Paris souligne un soutien fort de la capitale dans la lutte contre les LGBTphobies dans le domaine sportif. Toutefois, le rejet des sportifs·ves LGBT est toujours très présent dans les 7 témoignages relatifs au sport reçus par SOS homophobie en 2017. Il semble donc y avoir un défaut de concordance entre ce chiffre terriblement bas, la reconnaissance des autorités publiques pour la lutte contre les discriminations dans le milieu sportif et la réalité dissimulant une homophobie, une biphobie et une transphobie banalisées. En effet, les insultes et les chants homophobes dans les stades de football perdurent. Lors du match entre Toulouse et Marseille le 8 janvier 2017 dans le cadre de la Coupe de France, des supporters marseillais auraient entonné dans le stade des chants homophobes et violents[1].

Le collectif Rouge Direct, fondé par les dirigeants historiques de l'ancien Paris Foot Gay, avait annoncé, après la diffusion d'une vidéo, s'être tourné vers le ministère de l'Intérieur afin qu'il saisisse la justice. Dans cette vidéo, on y voit et entend clairement des supporters qui scandent : « *Il faut les tuer ces PD de Toulousains.* » [2].

Malheureusement, ce climat de violence ne concerne pas seulement les stades.

Le rejet des sportifs·ves LGBT à l'échelle nationale

Face au dénigrement et au rejet, peu de sportifs·ves assument publiquement leur homosexualité en général et particulièrement en France : il y a un tabou dans le sport. Ce tabou

---

1 « Toulouse-Marseille : un supporter porte plainte pour menaces homophobes », Le Dauphine.com, 17 janvier 2017.

2 « Rouge direct à l'impunité quotidienne dans les stades : "Il faut les tuer ces PD de Toulousains" », Rougedirect.org, 12 janvier 2017.

* Plusieurs manifestations peuvent être identifiées sur un cas. En conséquence, le total des manifestations est supérieur à 100 %.

révèle une problématique d'acceptation, et cela peut avoir des conséquences très graves. C'est le cas pour cet appelant, Nouredine, un homme gay de 28 ans, qui souffre d'une grave dépression après avoir été outé par un ami auprès de sa famille. Cela commence par une agression physique par cet ami à la salle de sport. Puis ce même ami révèle l'homosexualité de Nouredine à tout le quartier et surtout à sa famille, qui désormais ne lui parle plus. Il est tombé depuis en dépression sévère ; il a perdu vingt kilos, souffre de migraines et a fait un pré-AVC. SOS homophobie a également reçu le témoignage d'une pilote de moto trans victime d'insultes et de diffamation concernant ses résultat sportifs : « J'avais eu déjà l'hiver dernier un conflit avec cette pilote car elle mentait sur son palmarès en disant qu'elle avait réalisé la pole position, alors que c'est moi-même qui l'avais réalisée, et c'est à partir de ce moment qu'elle a commencé à m'insulter... »

Affiche réalisée par Marthe'Oh pour les Dégommeuses
© http://www.larage.org

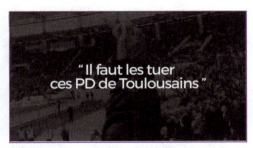

Illustration de l'article publié sur le site Rougedirect.org

Le rejet des sportifs·ves LGBT à l'échelle internationale

En 2017, le rejet des personnes homosexuelles, bisexuelles et trans dans le monde du sport s'est exprimé à l'échelle internationale lors d'événements hautement médiatiques.

En mai 2017, Margaret Court, 75 ans, joueuse de tennis australienne lauréate de 24 titres du Grand Chelem, a déclaré sur une radio chrétienne qu'elle n'avait « *rien contre* » les personnes gays mais qu'elle voulait « *les aider à surmonter cela* », estimant par ailleurs que le tennis était « *plein de lesbiennes* ». Margaret Court, qui est également pasteur, a ajouté que les enfants trans avaient un esprit corrompu, comparant le phénomène aux lavages de cerveau pratiqués en Allemagne nazie ou dans la Russie communiste. « *C'est le diable... Mais c'est ce que Hitler a fait et c'est ce que le communisme a fait – contrôler l'esprit des enfants* », a-t-elle déclaré. Cela n'a pas manqué de faire réagir Martina Navratilova, célèbre joueuse de tennis, elle-même homosexuelle : « *Lier les LGBT aux nazis, au communisme, au diable ? Ce n'est pas correct* », a-t-elle répondu dans une

L'appelant est un homme de 45 ans contactant SOS homophobie au nom d'un ami, victime d'insultes homophobes à répétition par un de leurs camarades de natation.

Il explique à l'écoutant·e de SOS homophobie que son ami n'ose pas se rapprocher d'une association et qu'il le fait donc pour lui car il estime qu'il ne faut pas laisser passer ça. La situation dure depuis longtemps et a encore empiré il y a quelques jours, alors que l'agresseur a traité son ami de « *sale pédale* » en prenant les autres nageurs à partie, rendant ainsi l'humiliation d'autant plus violente. Très vite, l'appelant demande si ça vaudrait le coup de porter plainte. L'écoutant·e de SOS homophobie lui donne les coordonnées de la délégation de l'association de sa région et lui explique qu'au regard de la situation, sachant qu'il est lui-même prêt à témoigner, son ami peut effectivement porter plainte s'il le souhaite. Il semble confiant sur ce sujet et conforté dans sa volonté de ne pas en rester là.

....

lettre adressée à la Margaret Court Arena de Melbourne, la deuxième plus grande enceinte sportive d'Australie, et publiée dans les journaux australiens. Et d'ajouter : « *En fait, c'est malsain et dangereux. Les enfants souffriront plus à cause de cette stigmatisation et de ce dénigrement constant de notre communauté LGBT[3].* »

Lors des mondiaux d'athlétisme à Londres en août 2017, les polémiques autour de l'athlète sud-africaine intersexuée Caster Semenya, venant de remporter son troisième titre mondial sur 800 m, ont refait surface, en raison de son hyperandrogénie. L'hyperandrogénie se traduit par un excès d'hormones sexuelles mâles comme la testostérone, plus élevées que la moyenne chez certaines femmes. Caster Semenya fait d'ailleurs l'objet d'attaques régulières sur son physique et son niveau de performance à ce sujet, malgré un accueil chaleureux du public londonien lors de sa victoire. Pour la Fédération internationale d'athlétisme (IAAF), l'hyperandrogénie semble être un problème majeur. Elle a d'abord voulu réglementer les taux de testostérone dans les compétitions féminines. Un article du *Monde.fr*, se fondant sur les propos des défenseurs de Caster Semenya, pose les bonnes questions : « *Pourquoi seulement vouloir s'intéresser au niveau de testostérone ? A-t-on jamais pensé interdire à un joueur de pratiquer le basket en raison de sa trop grande taille ? Et ne s'est-on jamais posé la question du niveau de testostérone chez les hommes[4] ?* » Comme le mentionne l'endocrinologue David Cohen : « *L'étude ne dit pas si c'est bien la testostérone qui rend ces femmes plus performantes, elle n'établit pas de lien de cause à effet[5].* »

Ainsi, l'hétéronormativité en milieu sportif et ses effets participent à l'exclusion et à la marginalisation des sportifs·ves LGBT : humour dénigrant et excluant, stéréotypes et préjugés, étiquettes, rumeurs, mises à l'écart, discriminations, harcèlement, souvent à caractère sexuel, et violences. N'est-il pas temps de repenser le système binaire du sport avec ces rappels à l'ordre à la masculinité ou la féminité pour les sportifs·ves ?

---

3 « *Le tennis "plein de lesbiennes" : les propos homophobes de Margaret Court ulcèrent Martina Navratilova* », Lci.fr, *1ᵉʳ juin 2017*.

4 « *Mondiaux d'athlétisme : Et si on laissait Caster Semenya enfin tranquille ?* », LeMonde.fr, *13 août 2017*.

5 « *Des sportives bientôt disqualifiées si leur niveau de testostérone est trop haut ?* », SciencesetAvenir.fr, *9 août 2017*.

La parole à… **Pascale REINTEAU et Manuel PICAUD**

En compilant les rapports de SOS homophobie depuis 20 ans, les signalements d'homophobie dans le sport restent rares. En fait, ils sont très sous-estimés tant le sport moderne reste encore aujourd'hui une citadelle d'une homophobie intériorisée ou banalisée. A ses débuts au 19e siècle, le sport est conçu dans les collèges aristocrates britanniques pour inculquer aux jeunes hommes la discipline, le goût de l'effort, le mérite et la victoire. Ces prémisses élitistes et nationalistes seront relayées par l'olympisme de Coubertin valorisant la performance et le virilisme.

Alors qu'aujourd'hui, le sport est vu comme un plaisir et un apprentissage du vivre ensemble, il peut aussi refléter l'exclusion des personnes présupposées moins fortes, moins courageuses comme les femmes ou les homosexuels, voire des personnes préjugées trop performantes comme les personnes trans* ou les personnes handicapées disposant de prothèses. La médiatisation et les moyens concernent trop souvent le sport professionnel masculin alors que la pratique est devenue de masse et touche toutes les populations.

En faisant ce constat, le décathlonien olympique californien, le Dr Tom Waddell, crée en 1982 un événement inédit dans le but à la fois de désamorcer les discriminations dans le monde du sport et de faire vivre le rêve olympique à un public plus large. Les Gay Games sont portés par la population LGBT – on parlait simplement de gays – d'où son nom. Ouvert sans aucune phase qualificative et sans autre critère que l'âge minimum de 18 ans, l'événement n'a jamais été communautariste, et se fonde sur la participation du plus grand nombre, l'inclusion de toutes les diversités et le dépassement de soi. Dépasser ses préjugés en participant à un événement qui s'appelle « Gay Games ».

En préparant leur 10e édition à Paris du 4 au 12 août 2018, l'association Paris 2018 porte cette philosophie avec ses valeurs de diversité, respect, égalité, solidarité et partage. En parallèle des 36 compétitions, le village installé sur le parvis de l'Hôtel de Ville permettra de faire vivre une ambiance festive à un large public. Un cycle de trois jours de conférences académiques et 14 événements culturels seront autant de relais de visibilité et d'affirmation de soi. L'élément phare sera la cérémonie d'ouverture spectaculaire au stade Jean Bouin suivi d'une soirée d'ouverture au Grand Palais.

Les 10e Gay Games ambitionnent de changer les mentalités en innovant. Ainsi nos bénévoles travaillent à inclure les seniors, les trans*, les personnes en situation de handicap, les personnes séropositives, les réfugiés, mais aussi les personnes les plus démunies. Nous privilégions la mixité et une organisation écoresponsable. Nous donnons l'occasion à 40 fédérations étudiantes et sportives nationales de s'y impliquer et à la Fédération française de danse de créer une section de danse de couple unisexe. Nous fédérons l'ensemble des pouvoirs publics et de nombreux ambassadeurs pour porter plus loin notre message.

Nous cherchons des entreprises qui osent. Nous réunissons enfin l'ensemble du tissu associatif LGBT pour accueillir des milliers de participants.

Pour vivre cette expérience riche de sens, pour le plaisir ou la compétition, et parce que nous sommes toutes et tous des champions et championnes, il suffit de s'inscrire sur www.paris2018.com ! Demain, l'homophobie dans le sport devra enfin se taire. Le sport sera vraiment ouvert à toutes les diversités.

Pascale REINTEAU et Manuel PICAUD,
coprésidents de Paris 2018

Travail
Pour « vivre heureux » au travail, vivons caché·e·s ?

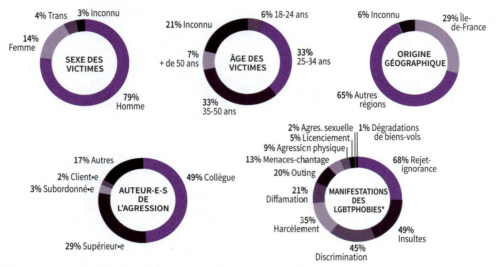

184 témoignages en 2017, correspondant à 164 cas, soit 11 % du total.

Alexandro, la quarantaine, est employé dans une banque en Savoie. Un de ses clients connaît l'un de ses proches qui l'a mis au courant de son homosexualité. Son client a alors demandé à changer de conseiller : *« Je veux un autre conseiller, que ce soit un homme*

« Trop faible et maniéré : dehors »

qui vit avec une femme, ou une femme qui vit avec un homme. Là, je n'aime pas, rien que le fait de devoir lui serrer la main, ça me… »

En 2017, le profil des victimes de LGBTphobies au travail a légèrement évolué par rapport à celui de l'année précédente. La proportion homme/femme des victimes a changé : le nombre d'hommes victimes augmente de 10 points tandis que celui des femmes baisse de moitié. Le nombre de personnes trans victimes est passé de 3 à 4 % des cas signalés. Les 25-34 ans représentent un tiers des cas signalés, tout comme les 35-50 ans.

Au niveau des types d'actes LGBTphobes, les cas d'agressions physiques, de rejet, de discrimination, d'outing, de harcèlement et de diffamation ont légèrement augmenté tandis que les cas de menaces et d'agressions sexuelles restent stables. Les dégradations de biens et vols et les cas de licenciement sont en légère baisse. Les insultes sont toujours monnaie courante dans l'environnement professionnel (en hausse de 5 points, soit signalées dans 49 % des cas). Patrick, cuisinier

* *Plusieurs manifestations peuvent être identifiées sur un cas. En conséquence, le total des manifestations est supérieur à 100 %.*

en Haute-Garonne, explique qu'il subit les insultes quotidiennes de son employeur qui le traite entre autres de *« sale PD »*. Comme l'année dernière, *« tantouze »*, *« tarlouze »* et *« PD »* apparaissent très fréquemment dans les insultes signalées.

Si les débats et actualités autour du mariage pour tou·te·s ont été moins nombreux en 2017, en tout cas dans le contexte professionnel, les paroles LGBTphobes ordinaires n'ont pas cessé. Tout nouvel événement touchant les personnes LGBT peut déclencher une nouvelle vague de propos homophobes. À noter également : la LGBTphobie des dirigeants engendre aujourd'hui encore des licenciements dans 5 % des cas signalés en 2017.

Les manifestations LGBTphobes sont principalement le fait de collègues (quasiment la moitié des cas signalés), mais aussi de supérieur·e·s. Certain·e·s agresseur·euses font preuve de davantage de discrétion car, conscient·e·s de leurs actes, ils et elles

« On sait à quelle heure tu sors du travail »

veillent à ne laisser aucune trace afin d'éviter les poursuites. Il arrive cependant que des collègues ou des supérieur·e·s interviennent pour défendre les victimes, à l'exemple de Michèle, responsable des ressources humaines, qui sollicite SOS homophobie pour savoir quelles démarches engager pour protéger un de ses agents victime d'homophobie. Malheureusement, peu de témoignages attestent de personnes qui auraient pris la défense de la victime. La dynamique de groupe, si elle n'est pas interrompue par une ou plusieurs personnes en dehors de la victime, conforte les agresseurs·euses dans leur position au sein de l'entreprise.

Plusieurs cas illustrent la volonté de la direction de minimiser les faits lorsqu'ils leur sont rapportés, ou de les ignorer complètement : la direction d'Erwin ne réagit pas au tag *« PD »* qui a été fait sur sa voiture sur le parking de l'entreprise par exemple. En outre, des employeurs et employeuses, opposant·e·s au mariage pour tou·te·s, semblent avoir trouvé un terrain d'action pour faire entendre leurs revendications : les couples homosexuels qui se marient sont privés de leurs droits (congés exceptionnels par exemple).

« Qui de vous deux fait la femme ? »

L'assimilation de l'homosexualité à une sexualité débridée, voire perverse, est encore courante : ainsi une collègue d'Elena lui a demandé si *« elle mouillait »* à l'arrivée d'une jeune stagiaire dans leur service. Adrien, animateur, a vu ses collègues s'inquiéter du fait que son homosexualité serait dangereuse pour les enfants qu'il encadre dans son travail.

Le mal-être au travail provoqué par les actes LGBTphobes des différentes personnes composant la sphère professionnelle pousse souvent les victimes à se mettre en arrêt-maladie voire à démissionner, à la suite d'une dépression ou même une tentative de suicide. Aujourd'hui encore, afficher autre chose que l'hétérosexualité dans le cadre professionnel demeure une prise de risque pour sa carrière professionnelle mais aussi pour sa santé et sa vie privée.

Insultes et harcèlement
Michèle est responsable des ressources humaines. Un des agents de sa collectivité est harcelé par ses collègues à cause de son homosexualité, qu'il assume. Son poste de travail est dégradé, il reçoit des lettres d'insultes homophobes anonymes. Michèle a déjà fait plusieurs démarches pour le protéger et l'incite à porter plainte contre X. Elle contacte SOS homophobie pour connaître d'autres moyens de le défendre.

Alim, jeune homme de 20 ans, est employé dans un centre commercial. Un des vigiles du magasin l'insulte et le menace de le « tabasser ». Choqué, Alim va prendre une pause cigarette à l'extérieur. Le vigile le suit, le plaque contre un mur, et réitère ses insultes et menaces. Alim, après avoir déposé une plainte et après une semaine d'arrêt de travail, ne souhaite pas retourner dans le centre commercial et demande un licenciement à l'amiable. Son employeur refuse et lui propose de démissionner. Alim a contacté l'inspection du travail.

Prestataire dans le domaine de la communication à Paris, Rémi, 30 ans, reçoit des sms d'insultes homophobes et de menaces anonymes (« grosse tarlouze », « nous savons à quelle heure tu sors du travail »). Les sms citant également d'autres collègues homosexuel·le·s, il en déduit que le corbeau fait partie de son entreprise. Il compte aller porter plainte.

Joël est aide-soignant dans une maison de retraite. Sa collègue l'a traité de « sale tantouze » en public. Il a aussitôt prévenu sa directrice, qui n'a appliqué aucune sanction immédiate. Le pire pour lui est que personne ne soit intervenu au moment de l'agression verbale.

Erwin subit des insultes et des dégradations de ses affaires par ses collègues homophobes depuis deux ans : plusieurs « PD » tagués sur sa voiture et dans son bureau, insultes dans l'ascenseur, veste lacérée, etc.

Marc, 27 ans, travaille dans l'armée, au sein d'un service médical. Un jour, deux de ses supérieurs le prient de les suivre à l'écart des autres personnes pour lui parler. Ils lui demandent alors s'il a quelque chose à leur avouer, Marc répond que non, puis ils lui montrent une photo de lui en compagnie de son mari à leur mariage. Cette photo n'étant disponible que sur le compte Facebook de son mari, Marc en déduit qu'ils ont fait des recherches sur le réseau social. C'est alors que les deux hommes lui demandent s'il est « *excité par [s]es camarades sous les douches* » et qui de lui ou de son mari « *fait la femme* ». Ses supérieurs lui reprochent son orientation sexuelle qui serait contraire aux valeurs de l'armée. Les deux hommes exigent qu'il fasse retirer la photo en question du profil Facebook de son mari, ce que Marc refuse. Marc va alors porter plainte. Cette agression, qui l'a profondément choqué, l'oblige à se mettre en arrêt-maladie. C'est alors qu'il reçoit un courrier de l'armée qui l'informe de la suspension de son salaire pour désertion. Marc contacte une avocate spécialisée en droit militaire et conteste cette suspension. Quelque temps plus tard, il reçoit un second courrier de l'armée qui lui réclame un trop-perçu qu'il aurait reçu alors qu'il avait déserté. Marc conteste à nouveau cette décision. Il engage alors une procédure au tribunal administratif avec son avocate. L'armée reste muette à ses requêtes. Aujourd'hui Marc, qui ne perçoit aucun salaire, doit payer son avocate pour aller au bout de la procédure. Il fait appel à différents organismes et associations pour trouver des moyens d'avancer, notamment à SOS homophobie.

Malgré plusieurs dépôts de plainte, sa direction reste silencieuse.

Etienne vient de se faire traiter de « putain de PD » par son chef. Etienne menace alors son supérieur de porter plainte pour ces paroles. Il est convoqué quelques instants après : il est mis à pied pour « menaces verbales » envers son chef. Etienne et son mari sont décidés à porter plainte.

Des vies en danger
Antoine, homosexuel assumé dans son entreprise, a entendu son collègue dire à la pause cigarette : « C'est Hollande qui a inventé les PD. De toute façon, il faudrait tous les exterminer au lance-flammes. » Antoine l'a signalé à ses supérieurs qui ont déclenché une procédure de sanction envers ce collègue, laquelle pourrait aller jusqu'au licenciement.

Lucie, jeune femme lesbienne résidant dans le Jura, vient de commencer un nouveau travail. Après un apéritif avec ses collègues chez l'un d'entre eux, l'hôte lui propose de rester. Elle refuse mais il insiste, usant d'un prétexte professionnel. Elle se retrouve alors seule avec lui. Au fil de la discussion, il comprend qu'elle est homosexuelle et devient soudainement agressif. Il viole Lucie. Elle est dévastée.

Outing
Mariée et maman, Elena, qui est lesbienne, travaille dans un hôpital comme infirmière. Une de ses collègues l'a outée auprès de tout le personnel hospitalier et lui fait régulièrement des remarques sur sa sexualité. Par exemple à l'arrivée d'une stagiaire : « Tu mouilles, tu es contente, elle est jolie. » Suite à cette révélation, une autre de ses collègues ne veut plus se changer devant elle. Elena souhaite régler le problème elle-même pour préserver sa vie privée.

Mise au placard et licenciement
Guillaume, salarié d'une entreprise, est convoqué par son directeur, qui lui parle d'un licenciement prochain. Quand Guillaume lui demande si cela est en rapport avec son mariage récent avec son compagnon, il lui répond : « Évidemment, qu'est-ce que tu crois... » Guillaume est licencié un mois plus tard. Il cherche à engager des poursuites.

Jeune intérimaire en région parisienne, Martin a été licencié de l'entreprise où il travaillait à son deuxième jour, alors qu'il devait y rester deux semaines : la directrice a donné comme motif qu'il était « trop faible » et « maniéré ». L'agence d'intérim lui a indiqué qu'il n'était pas le premier dont le contrat cessait pour ce motif dans cette entreprise.

Adrien est animateur pour enfants dans la Drôme. Son supérieur et plusieurs de ses collègues se moquent de lui et le dénigrent régulièrement, allant jusqu'à affirmer que son orientation sexuelle serait dangereuse pour les enfants dont il s'occupe. Adrien a fait une tentative de suicide puis a enchaîné plusieurs séjours en hôpital psychiatrique.

En période d'essai, Mathieu se plaît dans sa nouvelle entreprise. Lors d'un séminaire, il rencontre un des dirigeants qui le traite de « sale PD ». À son retour de voyage professionnel, Mathieu apprend qu'il est licencié sans préavis ni explication.

Inégalité des droits dans les faits
Romain, fonctionnaire proche de la soixantaine, s'est marié avec son conjoint à la fin de l'année 2016. Le congé de mariage, accordé classiquement à tou·te·s ses collègues, lui a été refusé. Ses courriers à ses supérieurs sont restés sans réponse.

Dans le Sud de la France, Philippe vient d'adopter une petite fille avec son mari. Son entreprise refuse de lui faire bénéficier des avantages qu'elle

Vie privée des personnes LGBT au travail

Selon une étude réalisée en France entre mars et avril 2017 par The Boston Consulting Group (BCG), 13 % des personnes interrogées mentent sur le genre de leur partenaire ou se déclarent célibataires au travail (sur un panel de 1636 étudiant·e·s et jeunes professionnel·le·s LGBT, en France, au Royaume-Uni et en Allemagne). 39 % préfèrent entretenir un flou sur le genre de leur partenaire. Cependant, cette étude est à mettre en perspective avec celle réalisée en 2015 : un·e sondé·e sur deux pensait à ce moment-là que révéler son homosexualité pouvait lui nuire au travail, contre un·e sur trois aujourd'hui.

http://www.sudouest.fr/2017/05/17/ils-cachent-leur-homosexualite-au-travail-un-sujet-encore-tabou-3453688-4688.php

https://www.francetvinfo.fr/societe/mariage/mariage-et-homoparentalite/13-des-homosexuels-francais-s-inventent-un-partenaire-au-travail_2195418.html

---

offre traditionnellement aux parents. Son enfant a dû être hospitalisée et ses jours de congés « enfant hospitalisé » lui ont été refusés.

Oui, mais non
Méliane est une femme trans qui travaille dans une grande entreprise bordelaise. Alors que ses collègues et supérieur·e·s avaient jusqu'à présent une attitude globalement bienveillante envers les personnes LGBT, sa directrice lui a récemment demandé de recommencer à utiliser les toilettes pour hommes.

Pauline est trans (FtoM) et passe un entretien d'embauche. Dans le formulaire que l'employeur lui a fait remplir au préalable, seul son prénom est féminin, la case « sexe » est cochée « masculin ».
À partir du moment où le recruteur a remarqué ce détail, il n'aura de cesse de lui dire « madame ». À la fin de l'entretien, il lui demandera de venir habillé en femme la prochaine fois.

La parole à... Marie-Hélène GOIX

Depuis sa création l'Autre Cercle, association nationale, agit au cœur du monde du travail, en y apportant sensibilisation et information auprès des organisations et établissements publics et privés sur les enjeux du développement d'un environnement inclusif et sur la non-discrimination envers les LGBT+ dans leur emploi.

Aussi à l'occasion de ses 20 ans, l'association Autre Cercle a choisi de faire un bilan pour mesurer l'impact de la mise en place de ces bonnes pratiques concernant les LGBT+ auprès des structures qui se sont engagées en signant notre charte d'engagement LGBT+.

Ce bilan a été fait sous la forme d'une consultation pilotée avec l'IFOP fin 2017. Elle a permis de récolter près de 7 000 avis et le résultat ainsi recueilli est précieux pour notre avenir.

En effet, il permet de démontrer de manière formelle que dans les structures qui se sont engagées vis-à-vis de leurs salarié·e·s ou agent·e·s LGBT+, il y a plus d'inclusion et moins de discrimination. Un constat qui nous permet d'affirmer qu'il est possible de faire encore mieux demain et de lutter efficacement contre les discriminations et pour l'inclusion de toutes et tous.

Nous savons, et les témoignages de cet ouvrage en sont la preuve, qu'il reste encore beaucoup à faire et que nos acquis sont fragiles. Nous savons aussi que chez les 80 signataires de la charte d'engagement de l'Autre Cercle (qui correspond à un effectif France d'environ 1 million de salarié·e·s et agent·e·s), il pourra subsister des cas de discrimination. Mais nous savons maintenant que la situation est nettement meilleure dans les structures qui se sont engagées sur le sujet.

Par exemple, alors que près des deux tiers des LGBT+ ne sont pas visibles habituellement, la visibilité sur cet échantillon issu d'entreprises et organisations engagées est à l'inverse : deux tiers des LGBT+ sont visibles. On a aussi près de 15 % des LGBT qui disent que cet engagement leur a permis de se rendre visibles.

Lorsque l'on s'intéresse dans cette consultation au regard des répondant·e·s sur leur entreprise ou collectivité, on observe un résultat très fort puisque par exemple 9 personnes sur 10 se sentent bien intégrées. Et ces chiffres sont nettement meilleurs en comparaison à ce que l'IFOP mesure habituellement.

Nous sommes persuadé·e·s que c'est l'impact des politiques d'inclusion qui améliore le climat général. Car de toute évidence la diminution des discriminations entraîne la diminution des tensions et conflits.

Un autre point qui vient renforcer nos convictions et notre motivation : 85 % affirment soutenir la signature de cette charte par leur organisation (et seuls 4 % s'y opposent). Un résultat très significatif surtout lorsque l'on précise que la majorité des répondant·e·s à cette enquête (79 %) sont hétérosexuel·le·s (et qu'il fallait 15 min pour répondre à l'ensemble du questionnaire).

Alors le message que nous souhaitons transmettre aujourd'hui est un message de confiance en demain. Nous sommes persuadé·e·s que ces engagements vont continuer à se propager dans le monde professionnel qui pourra se rapprocher de plus en plus de notre vision, à savoir : un monde professionnel épanouissant, inclusif et respectueux des personnes dans toute leur diversité quelles que soient leur orientation sexuelle ou identité de genre.

Marie-Hélène GOIX,
présidente de l'Autre Cercle, association de professionnel·le·s LGBT

Voisinage
LGBTphobies sur paillasson

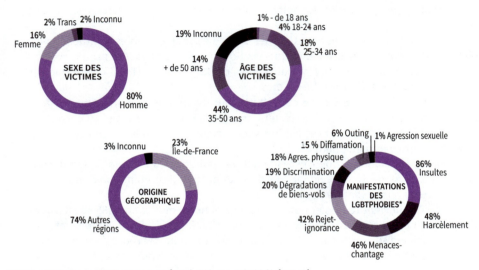

175 témoignages en 2017, correspondant à 160 cas, soit 11 % du total.

L'année 2017 est marquée par une augmentation significative du nombre de cas de LGBTphobies émanant du voisinage : alors qu'en 2016 nous comptions 87 cas, l'année qui vient de s'écouler en compte 160, presque le double en seulement un an. C'est M. X qui frappe une jeune femme à coups de matraque, ou alors M. et Mme Y qui insultent quotidiennement

> « Vous êtes un couple contre-nature ! »

leur voisin de palier, ou encore M. Z qui urine sur la porte du garage de son voisin. Autant d'exemples démontrant que les LGBTphobies se retrouvent encore sur le pas des portes. Rappelons que les injures homophobes sont passibles de 22 500 € d'amende et de six mois de prison, quand les agressions physiques peuvent aller jusqu'à 75 000 € d'amende et cinq ans de prison. Quelques chiffres à retenir : 86 % des témoignages évoquent des insultes. Quant au harcèlement, aux menaces et au rejet, ils se retrouvent dans un mouchoir de poche, représentant respectivement 48 %, 46 % et 42 % des cas. L'agression physique est présente dans 18 % des témoignages.

De nombreux cas relèvent l'état psychologique inquiétant dans lequel les victimes se trouvent à la suite d'une agression homophobe. Les exemples ne manquent

* *Plusieurs manifestations peuvent être identifiées sur un cas. En conséquence, le total des manifestations est supérieur à 100 %.*

pas : Alain et Romuald subissent insultes, dégradation de leur domicile et harcèlement. Ils finissent par développer une anxiété manifeste suite à l'agression verbale de trop. Amine, victime de harcèlement et d'insultes de la part de sa voisine depuis quatre ans, avoue devoir prendre des médicaments pour tenir le coup. Stéphanie et sa petite amie sont toutes deux victimes de harcèlement de la part de leur propriétaire qui habite la maison mitoyenne. Elles rencontrent de grandes difficultés pour trouver le sommeil et sont sous antidépresseurs. Tom éclate en sanglots en appelant la ligne d'écoute de SOS homophobie suite à une agression violente de la part du fils de son voisin. Il a aujourd'hui particulièrement peur et est sous anxiolytiques. Ces exemples démontrent qu'une simple altercation ou, pire, qu'une agression physique peuvent avoir des conséquences psychologiques éprouvantes.

Certain·e·s rapportent avoir pourtant tenté de désamorcer des situations complexes, mais toujours sans succès. C'est le cas de Liam, insulté et menacé durant trois longues années, qui préférera passer par une médiatrice pour tenter de faire cesser le harcèlement dont il est victime et éviter de longues procédures judiciaires. La

« Je vais vous tuer psychologiquement »

situation d'Aubert, un homme vivant dans l'Ain, interpelle : alors qu'il essuie des insultes de façon récurrente de la part de ses voisins, il essaie d'arrondir les angles en proposant une médiation. Le médiateur lui demande quelques jours plus tard de rédiger des excuses puisqu'il aurait également insulté sa voisine pour se défendre, et cette dernière l'aurait mal pris ! Dans ces deux cas, la médiation s'est avérée être une voie sans issue.

Quand la médiation ne suffit pas, et que le soutien des forces de l'ordre n'est pas toujours présent, les victimes sont contraintes de s'adapter. C'est le cas d'Etienne et Malik qui, pour ne pas croiser leurs deux voisines, quittent leur appartement tôt le matin car

« Je vais vous balancer une bouteille d'essence et vous faire cramer »

ils savent que les deux femmes dorment encore. C'est aussi la solution de secours qu'ont adoptée Philippe et Thomas vivant près de La Rochelle. Après avoir retrouvé leur véhicule couvert de plusieurs rayures, le couple décide de porter plainte auprès du commissariat pour dégradation de bien. Ils n'ont malheureusement pas pu prouver qu'il s'agissait de leurs voisins et décident à contrecœur de se garer loin de leur domicile. Enfin, Yazid, qui avait pris l'habitude de faire un grand détour pour sortir ou rentrer chez lui afin d'éviter un groupe de garçons qui le traitaient de *« sale PD »* et le menaçaient, est désespéré depuis quelques semaines car sa santé ne lui permet plus de parcourir cette distance supplémentaire. Il recroise donc inévitablement le même groupe tous les jours. Ces exemples démontrent que les victimes sont dans l'obligation d'organiser leur quotidien en fonction de leurs agresseurs·euses afin d'éviter à tout prix tout contact.

Angoisse et anxiété

Un couple d'hommes décide de construire son petit nid près de Colmar. Leur futur voisin montre rapidement son mécontentement : dégradations en tout genre, harcèlement sur le chantier et insultes homophobes sont récurrents. « Ce voisin nous fait vivre un enfer, nous avons déposé plainte à la gendarmerie. » Les deux hommes ont fini par consulter un médecin qui leur a diagnostiqué un état anxieux manifeste. Ils craignent que les insultes ne se transforment un jour en agression physique.

Magali et Roxanne louent un appartement à Marseille où elles se sentiraient bien si elles n'étaient pas harcelées quotidiennement par une voisine. En plus des insultes dans les couloirs, elles reçoivent également des lettres anonymes. Et le fait que cette voisine soit policière et fasse partie du syndic de l'immeuble ne les rassure pas. Magali nous confie être psychologiquement très affaiblie.

Bruno et Jacob sont un couple de retraités vivant en Bretagne. Leurs voisins ne leur épargnent rien : insultes régulières, excréments de chien sur leur boîte aux lettres et intimidations en tout genre. Aujourd'hui, Bruno et son mari ne se sentent plus tranquilles et n'osent même plus sortir dans le petit village dans lequel ils vivent.

Stéphanie et sa petite amie sont à bout. Elles sont sous antidépresseurs, ne dorment plus et vivent sous la menace constante de leur voisin qui est aussi leur propriétaire. Ce dernier était déjà très envahissant et, après le lui

Céline et Emilie, âgées d'une quarantaine d'années, vivent avec leurs deux enfants dans un quartier résidentiel du Nord de la France. Dès leur emménagement, leur quotidien s'est transformé en véritable cauchemar car une de leurs voisines a adopté à leur égard un comportement agressif, violent. En effet, depuis près de deux ans, elles sont victimes d'insultes verbales (« *connasses* », « *sales gouines* ») et écrites, de vols, de dégradations, de violences physiques. Un extrait de l'un des courriers adressés au couple : « *Votre petit garçon pleure beaucoup… peut-être réclame-t-il trop souvent son papa.* » Suite à ce harcèlement, elles ont pris contact avec la maison de la médiation qui leur a conseillé de porter plainte. Quelque temps plus tard, alors qu'elles fixaient un claustra dans leur jardin, leur voisine a poussé violemment Céline, la faisant chuter et la blessant au coude. Puis, avec un tuyau d'arrosage, elle a aspergé les deux femmes ainsi que leurs enfants. Le couple a sollicité Police secours, qui n'est pas intervenue.

Céline, qui a eu une incapacité de travail de neuf jours, et Emilie sont très choquées. Leurs enfants, notamment leur petit garçon de quatre ans, ont très peur et refusent de jouer dans le jardin. Elles ont déposé quatre plaintes au commissariat mais la police considère qu'il s'agit d'un simple problème de voisinage et non de harcèlement homophobe. Une confrontation a été planifiée, elles appréhendent de se retrouver dans la même pièce que cette voisine. Elles ne souhaitent pourtant qu'une chose : pouvoir vivre leur vie tranquillement et ne plus avoir à rentrer chez elles la boule au ventre.

Arrivés il y a cinq ans dans le Limousin, Fred et son compagnon sont sans cesse victimes de comportements homophobes. Après une petite altercation au sujet d'une poubelle, un voisin lance : *« On ne veut pas vous voir dans la rue, sales PD »*, tout en déversant des déchets devant la porte du couple. Après avoir reçu des menaces de mort, Fred décide de porter plainte. Lorsqu'il est convoqué par le maire de la ville, on lui reproche de faire une fixette sur l'homophobie : *« Vous les homos, vous voyez de l'homophobie partout. »* Quelques mois plus tard, Fred apprend qu'une plainte contre lui pour exhibition aurait été déposée par l'un de ses voisins. Fred fait appel à un avocat pour se défendre et souhaite porter plainte à son tour pour dénonciation calomnieuse, mais son avocat s'aperçoit qu'aucune plainte n'a en fait été enregistrée : il s'agissait d'une intimidation de la part de la gendarmerie, qui n'a par ailleurs jamais pris en compte aucune des plaintes du couple. Depuis, Fred n'est pas rassuré et soupçonne une complicité entre ses agresseurs et les forces de l'ordre.

....

avoir fait remarquer, les deux femmes se sont fait insulter et menacer avec une boule de pétanque ou encore une bombe lacrymogène. Elles cherchent actuellement un autre logement car cette situation n'est plus vivable.

Particulièrement intimidées par leur voisin de palier et son épouse, Flavie et sa compagne Jihane sont angoissées à l'idée de se retrouver seules chez elles, craignant que leurs voisins n'y fassent irruption. Récemment, les deux femmes ont été agressées verbalement : « Vous êtes sales, vous sentez la pisse, gouines », et menacées de mort. Ils en sont même venus aux mains (tentative d'étranglement, coups sur la tête).

Menaces et agressions

Alors qu'Aubert endure régulièrement des insultes homophobes, voilà que l'épouse de son voisin le menace par téléphone, sur sa ligne professionnelle : « On va te faire la peau, tu n'as même pas idée. » *Aubert n'est pas* rassuré, d'autant que son voisin est aussi policier.

Sous le choc, Imani et Lisa ont besoin d'aide. Elles ont été victimes d'une violente agression physique et verbale de la part de leur voisin : rouées de coups de poing et de coups de pied, les deux femmes ont eu bien du mal à se défendre face à un homme violent armé d'une matraque.

À Paris, Paul reçoit des ami·e·s chez lui un soir. Ils et elles sont alors interpellé·e·s par un voisin qui leur lance : « Vous allez voir le PD qui habite à l'étage ? » *Ce harcèlement, qui est quotidien, pousse Paul à bout, il se dit mal, moralement affaibli. D'autant plus que la situation a empiré après une violente altercation sur son propre palier où son voisin lui a porté plusieurs coups au visage.*

Harcelé et menacé de mort, Amine est épuisé et choqué : « Les hommes à abattre c'est nous, elle veut nous pousser à déménager. » *Cela fait bien trop longtemps qu'Amine et son compagnon, vivant dans un appartement à Paris, sont victimes de harcèlement et d'insultes homophobes de la part de leur voisine. Elle est allée jusqu'à les menacer plusieurs fois :* « Je vais vous tuer psychologiquement. »

VOISINAGE

Essayer de faire avec...
Sabrina est une femme trans vivant dans la région parisienne. En plus d'adopter une attitude extrêmement irrespectueuse envers elle, son voisin la menace et l'insulte. Les relations se sont envenimées lorsqu'elle lui a demandé de déplacer sa voiture pour qu'elle puisse sortir la sienne. Il n'a pas voulu l'entendre : « Tu te démerdes, j'en ai rien à branler. Si tu continues, je te mets un coup de boule, travelo. »

Etienne et Malik s'entendent bien avec leurs voisines, même s'ils les trouvent un peu envahissantes. En effet, ils les dépannent régulièrement de produits divers, si bien que les demandes deviennent quotidiennes. Ils décident alors d'y mettre un terme de façon cordiale, mais cette décision changera à jamais les choses. Les insultes homophobes sont depuis ininterrompues : « Sales PD », « Ça va partouzer ? » Malik nous confie : « C'est insupportable. On vit maintenant de façon discrète, dans la peur. On a même fait sécuriser notre appartement. » Ils ont pris l'habitude de quitter leur appartement tôt le matin afin de ne pas les croiser. « Nous agissons en fonction d'elles pour ne pas avoir à les rencontrer. »

Philippe et Thomas sont victimes d'actes homophobes : gestes douteux, insultes et dégradations comme des jets de pierres, de pommes de terre ou de clémentines sur leurs volets, même en pleine nuit, ou rayures sur leurs véhicules. Aujourd'hui, les deux hommes sont contraints de se garer loin de leur domicile pour éviter toute complication.

Exaspéré, Yazid nous fait part de ses craintes et de son désarroi face aux multiples agressions verbales à caractère homophobe qu'il subit dans son quartier. « Sale PD ! Tu fais honte aux Arabes, tu as chopé la maladie des Blancs. » On lui a même craché dessus. Afin de croiser le moins possible ses agresseurs, il s'oblige à faire un grand détour quand il sort ou rentre chez lui.

Régulièrement, Olivier et Aurélien font les frais de l'homophobie du gardien de leur immeuble. Il se permet d'humilier les deux hommes en criant sous leur fenêtre : « Vous êtes un couple contre-nature ! » Et il répète à qui veut l'entendre qu'il faut se méfier d'eux car ce sont deux hommes mariés ensemble.

Laissez-nous vivre !
Rayenne est victime d'insultes homophobes répétées de la part d'une voisine sous le prétexte que ses chiens seraient trop bruyants. Cette dernière semble connaître les risques de tels propos car elle choisit toujours des moments sans témoin, ou écrit des messages anonymes. De son côté, Rayenne souhaite simplement vivre tranquillement avec son compagnon. « On est un couple tranquille, on essaie de ne pas se faire remarquer. »

Au téléphone avec un·e écoutant·e de SOS homophobie, Tom est à bout et éclate en sanglots. Le soir même de l'appel, son compagnon et lui ont été menacés de représailles par leur voisin car il avait appris que le couple avait porté plainte contre lui après des insultes et une agression physique. Les deux hommes se demandent s'ils ne devraient pas retirer cette plainte.

Romain et son petit ami ont été insultés devant chez eux. Alors qu'ils se disaient au revoir, comme beaucoup de couples, ils se sont embrassés tendrement avant de partir chacun de leur côté. C'est alors qu'une personne dissimulée derrière ses rideaux les a traités de « sales PD ». Choisissant de ne pas y prêter attention, les deux hommes se sont séparés mais les insultes ont continué, agrémentées de menaces de mort : « Sale PD, tu es mort ! »

Mickaël et Gabriel, Toulousains, sont menacés par leur voisin d'en face. À n'importe quel moment de la journée, ils sont insultés et menacés de façon très violente : « Hitler a mal fait son travail, je vais vous balancer une bouteille d'essence chez vous et vous faire brûler. » *Lors de la dernière altercation, ce même voisin était en train d'uriner sur la porte de leur garage. Le couple n'ouvre plus ses fenêtres, et s'isole peu à peu :* « Nous n'invitons plus personne à la maison de peur d'être insultés. »

Jonathan, jeune bi vivant en Seine-Saint-Denis, confie qu'il subit depuis quelque temps une discrimination de la part de ses voisins. En effet, ces derniers n'ont pas hésité à outer Jonathan en révélant à sa copine qu'il fréquentait aussi des garçons. Jonathan ne comprend pas : « Qu'est-ce que cela vient faire dans leur vie […]. J'ai envie de vivre ma vie sans problème. »

International
L'homophobie ne connaît pas de frontières

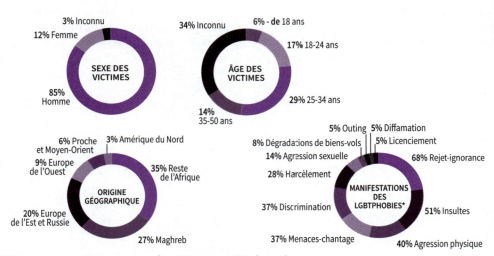

35 témoignages en 2017, correspondant à 34 cas, soit 2 % du total.

Il serait vain de vouloir décrire de manière exhaustive la situation des droits LGBT dans les quelque 200 pays du monde.

Les lignes qui suivent traiteront donc avant tout d'exemples montrant l'évolution, encore largement insuffisante, des droits LGBT dans le monde, et de ce que nous apprennent les témoignages reçus sur la regrettable persistance des LGBTphobies à l'international.

Politique d'élimination à grande échelle des personnes LGBT en Tchétchénie
Effroi face à la persécution des LGBT tchétchènes

L'année 2017 aura été marquée par les persécutions de personnes LGBT en Tchétchénie décidées par Ramzan Kadyrov, le président de cette république autonome de Russie, avec la complicité de Vladimir Poutine.

C'est le média russe d'opposition, *Novaïa Gazeta*, qui le premier donne l'alerte : il affirme le 1er avril 2017 qu'un plan de répression est mené en Tchétchénie contre les homosexuels (ou toute personne soupçonnée de l'être).

« J'aimerais être moi-même sans devoir me cacher »

Une centaine d'individus, âgés de 16 à 50 ans, auraient été enlevés et seraient détenus dans des *« prisons secrètes »*, torturés, parfois électrocutés, pour leur soutirer le nom d'autres homosexuels.

* *Plusieurs manifestations peuvent être identifiées sur un cas. En conséquence, le total des manifestations est supérieur à 100 %.*

Certains auraient été tués. Les familles sont même incitées à assassiner leurs proches pour « *laver leur honneur* ». S'ensuivent alors des dizaines d'arrestations de militants. Plusieurs témoignages confirment les faits. Amnesty International, Human Rights Watch ainsi que plusieurs associations LGBT et médias occidentaux relaient l'accusation. Devant la pression internationale, le président russe Vladimir Poutine a ordonné une enquête. Qui

> « *Je subis le rejet de ma famille, de mes voisins et de la société* »

peut croire au sérieux de l'enquête diligentée par celui qui contribue à la mise en œuvre de la politique d'éliminations des personnes LGBT en Tchétchénie ?

Des faits divers marquants ont rappelé la politique homophobe conduite par M. Kadyrov. Comme le décès inexpliqué du chanteur gay Zelimkhan Bakaev, qui aurait été, selon des associations LGBT russes, arrêté et torturé parce qu'il était gay. Cette information, rendue publique par le média *NewNowNext*, a causé un émoi général. Ainsi, *l'Express* titrait, le 24 octobre 2017 : « *Tchétchénie : l'inquiétante disparition de Zelimkhan Bakaev, pop star gay* ».

L'accueil des réfugié·e·s et la mobilisation des associations

Plusieurs États ont engagé une politique d'accueil de réfugié·e·s LGBT tchétchènes, à l'image du Canada. Le Premier ministre canadien Justin Trudeau a ainsi annoncé l'arrivée dans son pays de plusieurs dizaines de personnes, témoignant d'un certain volontarisme en la matière. La France a, quant à elle, contribué à l'organisation de la venue de réfugié·e·s, ainsi que d'autres États européens, par exemple l'Allemagne.

Alertée dès février 2017, SOS homophobie a dénoncé dans un premier temps le silence des pouvoirs publics sur le sujet. En mai, cinq chefs de la diplomatie de pays européens, dont la France et l'Allemagne, ont écrit à leur homologue russe Sergueï Lavrov pour exprimer leur « *profonde inquiétude* » quant au sort des homosexuel·le·s en Tchétchénie. L'association a pu contribuer à l'accueil du premier réfugié gay tchétchène. Le travail a été poursuivi avec l'association Urgence Tchétchénie qui a mis en place une organisation dédiée à l'accueil de personnes persécutées dans le monde en raison de leur orientation sexuelle ou de leur identité de genre.

« La règle pour survivre ici est de se camoufler »

L'homophobie est-elle « *la chose du monde la mieux partagée* » ? On pourrait parfois le penser, tant on voit que les LGBTphobies sont toujours présentes dans le monde.

En Chine, des « *thérapies de conversion* » sont toujours pratiquées contre les personnes LGBT dans de nombreux hôpitaux. En Azerbaïdjan, des dizaines de personnes LGBT ont été arrêtées par la police. En Haïti, le sénat a voté une loi visant directement l'homosexualité.

Enfin, de nombreux témoignages nous parviennent des pays du Maghreb sur la grande difficulté de vivre ouvertement son orientation sexuelle ou son identité de genre face aux LGBTphobies de la société. L'une des

> « *Ma vie est en danger depuis que j'ai révélé mon homosexualité* »

victimes affirme qu'il faut alors « *se camoufler* » ou « *se cacher* » pour ne pas être stigmatisé·e et violenté·e.

Ces différents exemples ne donnent qu'un aperçu très parcellaire, mais malheureusement

La galère des migrant·e·s LGBT

De nombreuses personnes LGBT sont contraintes de fuir leur pays, face aux LGBTphobies dont elles sont victimes. Selon les pays et les régions, elles peuvent prendre des formes très variées : condamnation par la loi, réprobation religieuse, ségrégation sociale, forte pression familiale, harcèlement policier, violences physiques, verbales et/ou morales, etc.

Dans un contexte international difficile, marqué par de nombreux conflits et par le retour des nationalismes, ces hommes et femmes LGBT contraint·e·s de quitter leur pays se heurtent en général à des obstacles très difficiles à surmonter, de la préparation de leur départ jusqu'à l'installation dans leur nouveau pays. D'innombrables questions se posent alors à eux : Où partir ? Comment financer ce départ ? Quelles démarches effectuer auprès du pays d'accueil ? Comment faire pour prouver la nécessité impérieuse de quitter sa patrie ? Comment vivre dans ce nouveau pays ? À la douleur de devoir quitter sa terre et de vivre en exil s'ajoute donc une longue liste de difficultés : financières, administratives, pratiques, psychologiques, linguistiques…

De nombreuses associations tentent d'aider, au quotidien, les réfugié·e·s LGBT, en prenant en compte des caractéristiques spécifiques de leur parcours. Nombre de réfugié·e·s LGBT s'adressent ainsi par exemple à l'ARDHIS (Association pour la reconnaissance des droits des personnes homosexuelles et transsexuelles à l'immigration et au séjour). De même, l'association BAAM (Bureau d'accueil et d'accompagnement des migrants) a mis en place une permanence dédiée au soutien juridique des demandeurs·euses d'asile LGBT et aux actions anti-LGBTphobies. Son pôle LGBT+ a lancé en 2017 une campagne d'information intitulée « Asile, clichés et LGBT » pour lutter contre les clichés et mieux faire connaître la réalité sur ce thème[1].

Ces associations fournissent une aide importante, sous de multiples formes, aux réfugié·e·s. Elles tentent de leur apporter du réconfort et du soutien, qui leur permettent de tenir bon face aux difficultés qu'ils et elles ont pu rencontrer durant leur parcours : traumatisme des violences et discriminations subies, réprobation de leurs proches, complexité des systèmes d'immigration, suspicion des habitant·e·s de leur pays d'accueil, violence des discours politiques xénophobes… Car fuir son pays n'est jamais une solution de facilité, mais au contraire un parcours complexe et semé d'embûches. Malheureusement, une fois arrivé·e·s dans leur pays d'accueil, les migrant·e·s peuvent être de nouveau confronté·e·s à des formes de rejet croisées : LGBTphobie, xénophobie, racisme…

En parallèle, la lutte en faveur des droits LGBT dans le monde est portée par de multiples associations, comme Amnesty International, notamment par sa commission orientation sexuelle et identité de genre, ou l'ILGA (International Lesbian, Gay, Bisexual, Trans and Intersex Association). Leur action renforce au niveau international les revendications défendues par les associations locales propres à chaque pays.

---

1 https://baamasso.org/fr/campagne-asile-cliches-lgbt/

déjà édifiant, de la présence des LGBTphobies dans le monde.

L'empire homophobe contre-attaque : rien n'est jamais acquis !

Les droits des personnes LGBT ne sont jamais acquis. Aux États-Unis, Donald Trump a tenté d'interdire aux personnes trans d'entrer dans l'armée, et s'amuse ouvertement de l'homophobie de son vice-président. L'archipel des Bermudes entre dans l'histoire comme le premier territoire au monde à rétablir l'interdiction du mariage pour tou·te·s après l'avoir autorisé. Enfin, au Brésil, les détestables *« thérapies de conversion »*, interdites depuis 1999, sont quant à elles à nouveau autorisées.

L'Europe et le Canada ne sont pas épargnés par les LGBTphobies, comme nous le montrent des témoignages issus de Suisse, de Belgique et du Québec par exemple.

Adnan, étudiant ingénieur en Syrie, aime son pays, mais sa vie y est en danger. En plus de la guerre, il subit le rejet de sa famille, les menaces de mort de son père, des agressions physiques par les autres étudiants. On lui dit qu'il apporte honte et guerre sur le pays. Il veut fuir pour « vivre une vie digne comme tout être humain et sortir de cet enfer ».

Muzaffar vivait en Ouzbékistan. Mais « dans son pays, c'est impossible d'être un gay heureux ». Il est donc parti en Russie avec un visa touristique. À Moscou, il menait une vie précaire, travaillant au jour le jour dans le bâtiment. L'échéance de son visa approchant, et ayant vu sur Internet des vidéos de gays torturés en Ouzbékistan, Muzaffar a tenté de rejoindre l'Ukraine. Hélas, il a été refoulé à la frontière et a donc été contraint de s'installer à Moscou.

À 36 ans, Anuar a fui le Kazakhstan, où il subissait oppression et violences homophobes. Il a donc rejoint le lieu d'origine de sa famille : la Tchétchénie. Malheureusement, face aux récentes persécutions très violentes contre les personnes LGBT, il ne sait désormais plus où aller ni vers qui se tourner pour rester en vie.

Sofiane, jeune Marocain d'une vingtaine d'années, ne trouve plus la force de vivre. Sa famille n'accepte pas l'homosexualité. Son père lui a dit qu'il serait prêt à lui trancher la gorge s'il apprenait qu'il était homosexuel. Il entend dire au quotidien que les homosexuels sont des « pédophiles pervers » qui mériteraient l'enfer. Il déclare : « Si je suis condamné à vivre en enfer après ma mort, alors laissez-moi vivre en paix pendant cette vie ! »

En Algérie, Faiza subit le rejet de sa famille. Ses frères ont honte d'elle et lui interdisent d'approcher les enfants ou de participer aux fêtes familiales. Après avoir subi de nombreuses violences verbales et de nombreux manques de respect, elle « pense tous les soirs au suicide ». La fille qu'elle aime a été mariée de force... Désormais, Faiza est trop faible pour se battre.

Déjà à l'âge de 5 ans Yasmine se sentait fille dans un corps de garçon. Hélas, elle est née en Algérie, et ses parents la frappaient quand elle leur parlait de son trouble. À 26 ans, la voix douce et hésitante, elle appelle la ligne d'écoute de SOS homophobie car elle a besoin de parler de son mal-être. Au quotidien, dans la rue, elle subit regards assassins, insultes et parfois même agressions ou viol. Même la police la maltraite puisqu'elle a osé être transgenre. Aussi vit-elle recluse, ne sortant que pour aller travailler, en évitant les transports en commun.

Elle n'a aucun moyen d'en parler avec sa famille. Seul·e·s quelques ami·e·s proches acceptent son identité de genre, dont ses amies filles, ses « sœurs de combat ». Cultivée et surtout très sensible, elle nous explique en nuance les lois de l'islam qui condamnent plus les actes homosexuels que les personnes. Nous parlons, nous rions ensemble, cela lui fait du bien de parler, et de briser ainsi la solitude que cause la transphobie.

Un homme gay d'une trentaine d'années vit dans l'Ouest de l'Algérie. Durant son appel, il est très agité, déprimé et pleure à certains moments du récit. Il dit être persécuté, n'avoir aucun droit et mener une vie extrêmement difficile. Il a dû interrompre ses études après son bac, suite aux brimades de ses camarades de classe. Il est aujourd'hui sans emploi. Il vit dans sa famille et doit se cacher sans cesse. Ainsi, il refuse d'utiliser Internet pour y faire des recherches sur l'homosexualité, de peur que sa famille en trouve la trace. Il a un petit ami mais ils se cachent du regard des autres.

Au Bénin, Jean est secrètement en couple depuis trois ans avec Michel. Ils vivent l'enfer depuis qu'ils l'ont annoncé à leur

Hamza est un jeune Marocain d'une vingtaine d'années, en grande détresse. Il sait qu'il est gay depuis qu'il est « *tout petit* ». Il déplore que, dans son pays, l'homosexualité soit un tabou et considérée comme un délit grave. « *Je vis dans la crainte d'une dénonciation d'un voisin, ou même d'un membre de ma famille, tant ici être homosexuel fait dégoût à la société bien pensante marocaine* ». Il précise : « *J'aime mon pays, cependant le côté conservateur et homophobe ne me permet pas de vivre à visage découvert.* »

Hamza a un petit ami français, et il souhaite poursuivre ses études en France. « *Au Maroc, mon petit ami et moi avons dû faire preuve d'une extrême prudence, voire même nous cacher des regards indiscrets et parfois même intrusifs, qui nous observaient en permanence... Il faut dire qu'au Maroc, il est toujours considéré comme suspect de voir un jeune Marocain fréquenter un Européen.* »

Chez ses parents et dans sa famille, il entend constamment « *des insultes et des moqueries méchantes concernant les homosexuels* ». Sa mère l'a menacé de le mettre à la porte si jamais il était homosexuel. Se cacher continuellement est source de grande souffrance : « *Vivant constamment sous le masque, chez moi, auprès de ma famille, j'ai toujours la crainte d'être démasqué par une parole ou un geste... Je me sais en permanence en insécurité auprès des personnes que j'aime le plus au monde. C'est dur, très dur à vivre... Plusieurs fois, j'ai pensé mettre un terme à ma vie... Les choses deviendraient alors plus simples pour tout le monde.* »

Aujourd'hui, il envisage de rejoindre la France, pour pouvoir vivre avec son petit ami et s'établir ainsi dans un pays « *où le respect des droits de chacun est une valeur sûre* ». Il précise : « *Je n'ai pas honte d'être gay, je m'assume pleinement ; mais j'ai peur tout simplement ici, au Maroc, mon beau pays que j'aime tant.* »

famille et à leurs ami·e·s. Ils sont déshérités, leurs comptes bancaires sont bloqués, ils ont été chassés de leur appartement et violentés. À la rue, sans moyens, le couple habite dans un squat et ne sort que la nuit. Un soir, leur logement de fortune est la cible d'un incendie criminel. Jean s'en sort mais Michel est aujourd'hui dans le coma. Il ne pourra pas survivre si Jean ne parvient pas à le faire soigner dans un autre pays.

Moussa est un homosexuel guinéen. Il est très discret sur son orientation sexuelle. Quand ses parents lui annoncent qu'ils ont trouvé une bonne épouse pour lui, il se sent obligé de leur dire la vérité. Leur réaction est violente : « C'est impossible ! Tu n'es pas toi-même, tu es marabouté ! » Ses oncles tentent de le faire revenir à la raison... ils le frappent, le giflent et lui crachent au visage. Insulté, maudit, il est exclu de la famille. Le lendemain, il est contraint à démissionner de son emploi pour éviter toute atteinte à sa personne. Fuyant les menaces de mort, il réussit à obtenir un visa de 12 jours pour un pays d'Europe et saute dans le premier avion.

En 2014, suite à des discriminations et menaces homophobes, Pete, un journaliste et militant LGBT, a fui son pays, la Zambie. Convoqué plusieurs fois par l'OFPRA, il a fourni tous les documents demandés (certificats médicaux, attestations d'activisme par deux organisations LGBT internationales, soutien de l'ARDHIS), mais sa demande d'asile n'a toujours pas abouti. Il est très inquiet sur l'issue de sa situation. Il vit avec l'angoisse d'être renvoyé dans l'enfer de son pays.

Amadou nous contacte car il a fui le Sénégal pour se rendre en France. Il explique que, dans son pays, les homosexuels sont considérés comme « démoniaques » et qu'on peut même leur refuser le droit d'être enterrés au cimetière. Il a fui à cause de l'homophobie, des brimades et des violences qu'il subissait. Aujourd'hui, son visa a expiré. Il compte déposer bientôt une demande d'asile à la préfecture. Il est actuellement hébergé par des amis sénégalais à qui il préfère cacher son homosexualité.

Prince est ghanéen. Sa demande d'asile a été refusée par l'OFPRA. Il craint de devoir retourner dans son pays. Là-bas, pour avoir avoué son amour pour un ami proche, il avait été condamné à 120 coups de bâton et à la confiscation de tous ses biens. Il va déposer une demande de recours à la CNDA (Cour nationale du droit d'asile).

En Belgique, un jeune gay est rejeté par ses camarades du fait de son homosexualité : « C'est mon quotidien, à l'école, on m'insulte, on me met plus bas que terre. » Il ne peut pas parler de ce harcèlement et de son mal-être dans sa famille : « Quand je rentre chez moi le soir, je vais directement dans ma chambre, mon père est homophobe et il n'est pas encore au courant de mon homosexualité. J'évite de passer trop de temps avec lui afin que ça ne m'échappe pas au milieu d'une discussion, et c'est comme ça tous les jours. »

Au Canada, un jeune homme porte un bracelet arc-en-ciel. Lorsqu'il monte dans un bus, le chauffeur l'apostrophe et lui lance des injures homophobes.

Une adolescente suisse est harcelée par sa mère, parce qu'elle est amoureuse depuis plusieurs mois d'une autre jeune fille. Elle subit de nombreuses agressions verbales : « Tu n'aurais même pas dû naître », « Si j'apprends que tu es lesbienne, je te fous à la porte ». Dans ces conditions, elle envisage de devoir quitter le domicile de sa mère.

La parole à... Zoheir OULDEDDINE

La Fondation arabe pour les libertés et l'égalité (AFE) est une organisation régionale qui travaille sur le soutien et la promotion des droits sexuels et du genre dans la région Moyen-Orient et Afrique du Nord. L'une de ses missions principales est le renforcement des capacités des militant·e·s de la région. Nous publions également des recherches sur l'orientation sexuelle, l'identité et l'expression du genre dans ces pays. L'AFE dirige plusieurs programmes, dont celui de la sécurité qui offre une protection aux activistes, et un centre de médias pour combattre les discours homophobes et transphobes. Nous hébergeons aussi un réseau régional de lutte contre le VIH qui intègre dans sa stratégie la lutte identitaire LGBTQI.

En tant que coordinateur régional pour le plaidoyer au Moyen-Orient et en Afrique du Nord pour l'AFE, je m'assure qu'il y ait une visibilité sur les situations des personnes LGBTQI dans ces régions. Je participe aux espaces internationaux de plaidoyer comme la Commission africaine des droits de l'homme et des peuples et le Conseil des droits de l'homme des Nations unies à Genève. Dans certains cas où les activistes ne peuvent pas se visibiliser pour des raisons évidentes de sécurité, je porte leur voix. Toutes mes actions sont construites sur la base des demandes et besoins des organisations et activistes locaux.

Les LGBTQI ne sont malheureusement pas libres de vivre leur identité en liberté au Moyen-Orient et en Afrique du Nord. D'un pays à un autre, il existe sous différentes formes des lois homophobes et transphobes qui interdisent aux personnes LGBTQI de s'exprimer et de vivre librement. Dans cette région du monde, les associations LGBTQI sont nombreuses, mais elles sont quasiment toutes clandestines et illégales. Seul le Liban offre une certaine liberté et nous y organisons par exemple des activités régionales de formation.

Les débats dans les médias et dans la société au sujet de l'orientation sexuelle et de l'identité de genre sont le plus souvent négatifs et hostiles aux LGBTQI. Parfois, ils consistent à appeler à la haine contre eux. Il existe fort heureusement quelques exceptions dans certains pays, où ces thèmes sont portés de manière constructive. L'AFE a d'ailleurs ouvert un centre des médias, dont l'une des missions est la formation des journalistes et acteurs médiatiques.

Au sein de l'AFE, nous nous battons pour que le respect des droits LGBT évolue positivement. Les choses ne sont pas faciles et, parfois, nous avons l'impression que la haine est plus forte. Mais nous restons optimistes car nous sommes convaincus que les forces positives des militant·e·s dans cette région finiront par porter leurs fruits. Il n'y a pas si longtemps que ça, nos pairs européens se faisaient massacrer dans des camps nazis, et aujourd'hui l'espoir est revenu en Europe. Il n'y a pas de raison que notre région ne puisse pas voir la lumière un jour…

Nous avons besoin de toucher la solidarité de nos ami·e·s du reste du monde, notamment celles et ceux qui vivent en Europe. Le meilleur moyen de nous aider, c'est d'être constamment attentifs·ves à nos besoins et à notre situation, nous demander régulièrement comment nous allons et ne pas attendre que nous soyons tué·e·s pour réagir.

Notre combat est universel et concerne donc tout le monde.

Zoheir OULDEDDINE,
militant algérien et coordinateur régional pour le plaidoyer au Moyen-Orient et Afrique du Nord pour la Fondation arabe pour les libertés et l'égalité.

Un regard sur...
La diversité des familles

L'homophobie contre les familles est une réalité, qu'elle soit dirigée contre des enfants ou des parents. Elle se manifeste par des remarques, des insultes, par l'ignorance ou le rejet. Elle peut aussi se manifester par des inégalités de traitement et de la discrimination. L'inadaptation de nos lois permet de dire qu'aujourd'hui la République ne protège pas tou·te·s les enfants de toutes les familles. SOS homophobie donne la parole à Caroline Mecary, avocate au barreau de Paris, Francine B, mère lesbienne de deux enfants, Alexandre Urwicz, président de l'ADFH, et Dominique Boren, président de l'APGL. Ces intervenant·e·s donnent un éclairage sur l'état de l'homophobie contre les familles et disent l'impérieuse nécessité de protéger les familles dans leur diversité.

« En 2017, les familles homoparentales ne sont toujours pas protégées des aléas administratifs et judiciaires »
Par Alexandre Urwicz, président de l'Association des familles homoparentales (ADFH)

Le législateur, en ouvrant le mariage et l'adoption aux couples de personnes de même sexe par la loi du 17 mai 2013, n'a pas réglé l'ensemble des questions que celle-ci pose au quotidien. Bon nombre d'administrations et de services de l'État restent perplexes quant aux conclusions à en tirer, sans disposer d'instructions ou de directives claires susceptibles de garantir, sur le territoire national ou au travers des postes consulaires, un traitement égal de toutes les familles et, notamment, celles constituées de deux mères ou de deux pères. L'Association des familles homoparentales (ADFH) a ainsi accompagné de nombreuses familles afin que ces dernières puissent simplement obtenir, pour leurs enfants, ce que la loi est pourtant censée offrir à n'importe quel enfant, quel que soit son mode de conception ou le sexe de ses parents : son inscription sur les cartes vitales de ses deux parents, l'obtention de congés pour ses parents à sa naissance, ou encore l'octroi de la prime de naissance. Sur le plan judiciaire, les arrêts rendus par la Cour de cassation le 5 juillet 2017 ont octroyé un cadre juridique aux enfants nés dans le cadre d'une convention de gestation pour le compte d'autrui à l'étranger. Ce cadre opère toutefois un véritable tri, en matière d'état civil, selon le mode de conception des enfants, puisqu'il observe un traitement différencié. Il refuse ainsi de reconnaître la mère d'intention dans un couple hétérosexuel ou le père d'intention au sein d'un couple homosexuel et ce, alors même que ce père ou cette mère sont mentionnés dans l'acte de naissance étranger des enfants dès leur naissance. La Cour de cassation juge que, à l'égard des parents d'intention, seule l'adoption intraconjugale est envisageable. Cette solution n'est pas satisfaisante. L'adoption intraconjugale requiert au minimum huit mois d'instruction, mais souvent beaucoup plus, notamment en raison de l'encombrement des juridictions et des parquets. Ce délai pose difficulté en cas de séparation du couple ou de décès. Il instaure en outre un fort déséquilibre relationnel entre les épouses ou époux, puisque l'un d'eux a tous les droits sur l'enfant, à l'instar de tout parent juridiquement reconnu, tandis que l'autre n'en a aucun.

Les enfants nés d'une procréation médicalement assistée (PMA) et élevés par deux mères sont eux-mêmes dans une situation incertaine jusqu'à ce que la femme qui ne leur a pas donné naissance soit reconnue, au terme d'une procédure d'adoption, comme leur autre mère. En 2017, ces familles sont encore confrontées aux aléas judiciaires. Certains tribunaux de grande instance refusent de prononcer l'adoption intraconjugale plénière de ces enfants au motif qu'un hypothétique père pourrait un jour se manifester. D'autres y font droit sans difficulté. Quant aux parquets, certains appuient les demandes d'adoption, d'autres les combattent au nom de leur définition de l'intérêt supérieur de l'enfant. De tels aléas ne sont pas acceptables dans une République qui s'est construite sur le principe d'égalité des droits. Les situations discriminantes auxquelles font encore face de nombreuses familles homoparentales ne contribuent pas à assurer leur droit au respect de la vie privée de leurs enfants et de leur vie familiale.

Site internet de l'ADFH : www.adfh.net

« Qui fait le père ? Qui fait la mère ? »
Par Francine B., mère de famille

Voilà le genre de questions que l'on pose aujourd'hui encore à ma fille de 19 ans quand elle explique qu'elle a deux mamans. Dans les familles homoparentales, l'homophobie ordinaire se traduit souvent par des interprétations de la réalité reposant sur des stéréotypes de genre. Cela agace mais présente au moins l'avantage d'ouvrir le dialogue, même si on est parfois lassés – parents comme enfants – d'expliquer encore et encore que l'on est juste deux personnes différentes, chacune avec son caractère, ses activités préférées, ses compétences, etc.

Il y a des manifestations d'homophobie plus violentes, comme celles que la Manif pour tous a largement vulgarisées, qui vont du rejet à la négation, en passant par la condamnation de notre choix « hors normes ». Un exemple vécu de négation de la réalité : une directrice d'école à laquelle nous nous étions présentées à deux pour inscrire notre enfant, alors qu'on venait de lui expliquer que nous étions les deux mamans, répétait en s'adressant à la seule mère « légale » : « *Vous êtes divorcée ? Cet enfant a forcément un père ! Tous les enfants ont un père !* »

Aujourd'hui, c'est devenu légalement possible d'avoir deux pères ou deux mères, mais pour ceux qui sont arrivés trop tard (qui s'étaient séparés avant d'avoir pu se marier), la loi les laisse, ainsi que leurs enfants « non légaux », dans un vide juridique total. Ainsi, mon fils n'a qu'une mère légale, et bien que j'en aie la garde (alternée), que le fisc, la CAF et mon employeur reconnaissent que j'ai deux enfants à charge, nous n'avons aucun lien de filiation. Je ne pourrai l'adopter qu'à sa majorité !

Dans les faits, l'homophobie oblige souvent nos enfants, surtout à l'adolescence, à se taire ou à mentir sur leur famille, à faire semblant, pour ne pas subir de moqueries, de questions pénibles ou idiotes, voire d'insultes. Nos enfants entendent en effet les insultes homophobes quotidiennes qui fusent dans les cours de récréation, et qui peuvent les blesser car elles touchent indirectement leurs parents. Par exemple le fils d'un couple d'amies a été interpellé un jour par un élève de son collège comme *« le fils des gouines »*.

Au-delà de ça, les parents homos et leurs enfants sont contraints à être exemplaires. Quand tout va bien, que les enfants grandissent sans poser de problème, qu'ils réussissent à l'école et se tiennent bien, les parents sont considérés comme des parents extraordinaires. Mais dès que les enfants « déconnent » un peu, les soupçons se portent vite sur notre forme familiale. Cet enfant ne serait-il pas en manque de repères – comprenez : de *« père »* ou de *« mère »* ? Et l'on vous envoie chez le *« psy »* pour aider votre enfant, dont les difficultés sont forcément liées à la question de ses origines, ou de sa filiation, et de la confusion que cela engendre très probablement en lui.

Nos enfants n'ont pas non plus trop intérêt à être eux-mêmes attirés par une personne du même sexe, car cela confirmerait aux yeux de certain·e·s que l'homosexualité est une maladie transmissible, alors qu'ils et elles sont juste plus libres que beaucoup de jeunes d'explorer leurs préférences amoureuses.

Sur ces sujets, sans doute sommes-nous tellement « sensibles » que nous pouvons interpréter tout questionnement comme une remise en cause de notre choix.

Il n'en reste pas moins qu'au-delà de ces « incidents » dans le quotidien, le parent social se voit parfois dénié dans sa parentalité par les institutions tels l'hôpital, le commissariat, l'école, qui veulent uniquement avoir affaire au parent légal.

La famille peut être redoutable aussi, comme ce père qui ne reconnaît pas comme étant son petit-fils (celui-ci étant âgé aujourd'hui de 16 ans) l'enfant que sa fille a eu avec sa compagne, parce qu'elle n'en est pas la mère légale.

« Vive les familles homoparentales »[1]
Par Caroline Mecary, avocate au barreau de Paris

Il a fallu près de vingt ans pour que les familles homoparentales puissent être protégées par la loi. Cela débute en juin 2001, lorsque pour la première fois le TGI de Paris accepte l'adoption simple des enfants de la concubine par celle qui n'était pas la mère (enfants conçus par PMA)[2]. Si à la suite de ce jugement du TGI de Paris quelques autres TGI ont accepté l'adoption dans ce contexte, nombre de couples de femmes se sont vu opposer un refus, de sorte que la Cour de cassation a été saisie ; et malheureusement, en février 2007, la Cour de cassation fermera définitivement la voie de l'adoption simple[3].

Les couples se sont alors tournés vers la délégation partage de l'autorité parentale (DPAP), qui a été appliquée diversement par les juges aux affaires familiales au début des années 2000. C'est un arrêt de la Cour de cassation du 24 février 2006 qui a validé le principe du recours à la délégation partage de l'autorité parentale pour un couple de femmes vivant en union stable[4]. Cette possibilité sera ouverte aux couples d'hommes[5], puis aux couples séparés[6] ainsi qu'aux trios[7], et récemment la Cour de cassation a jugé que la DPAP pouvait être maintenue malgré une séparation houleuse[8].

1 *Texte à jour au 28 février 2018*
2 *Voir pour le détail des affaires citées :* L'Amour et la Loi, *Caroline Mecary, Alma éditeur, Paris*
3 *Cass. civ 1re, 20 février 2007, pourvois n°04-15676 et n°06-15647*
4 *Cass. civ 1re, 24 février 2006, pourvoi n°04-17090*
5 *TGI Paris*
6 *Cour d'appel Paris, 11 décembre 2011, AJ Famille, n°3, 2012, p. 146 ; voir aussi AJ Famille, n°12, 2011, p. 604.*
7 *TGI Versailles, 19 mai 2008, inédit ; TGI Paris, 22 février 2013 et 18 novembre 2016, inédits*
8 *Cass. civ 1re, 4 janvier 2017, pourvoi n°15-28230*

La grande « révolution » résulte de l'ouverture du mariage civil et de l'adoption à tous les couples, qui a entraîné une modification législative d'importance en permettant aux couples de personnes de même sexe de pouvoir à la fois se marier et, par voie de conséquence, mettre en place l'adoption de l'enfant du conjoint.

Pour les couples de femmes, à l'exception de Versailles et Aix-en-Provence, les TGI ont globalement accepté de prononcer l'adoption de l'enfant de la conjointe, y compris en présence d'une procréation médicalement assistée. Le 22 septembre 2014, la Cour de cassation a validé l'adoption de l'enfant de la conjointe conçu par une PMA à l'étranger, de sorte qu'aujourd'hui, à de rares exceptions près comme le TGI de Versailles, l'adoption de l'enfant de la conjointe peut être prononcée et la famille homoparentale protégée juridiquement[9].

Pour les couples d'hommes, la situation est beaucoup plus complexe dans la mesure où schématiquement les couples d'hommes qui ont des enfants ont dû passer par un processus de gestation pour autrui (GPA) à l'étranger. Depuis un arrêt de la Cour de cassation du 5 juillet 2017, le fait d'avoir fondé une famille grâce à une GPA n'interdit pas le prononcé d'une adoption (simple dans le dossier examiné) pour l'enfant du couple qui le sollicite[10]. Cependant, en pratique, des tribunaux de grande instance font de la résistance et refusent l'adoption de l'enfant parce qu'il a été conçu dans le cadre d'un processus de GPA. Des appels ont été initiés mais non couronnés de succès. On signalera ainsi un arrêt de la cour d'appel de Paris du 30 janvier 2018 qui a refusé de prononcer l'adoption de l'enfant du conjoint au motif que l'acte de naissance de l'enfant portait, pour la mère, la mention *« mère inconnue »* (sous-entendu la mère pourra un jour reconnaître l'enfant). Dès lors il ne fait pas de doute que la question va nécessairement être réexaminée par la Cour de cassation courant 2018 ou début 2019. En attendant on peut envisager de faire « exequaturer » le jugement d'adoption étranger ou le jugement de paternité étranger devant le TGI[11]. Une telle procédure confère une validité juridique à ces jugements étrangers, et assure ainsi une sécurité juridique pour les enfants qui, en conséquence, ont la possibilité de voir établir un acte de naissance sur le registre de l'état civil des Français nés à l'étranger, avec la mention de leurs deux pères.

Et dans ce cas, exit l'affreuse jurisprudence de la Cour de cassation du 5 juillet 2017 qui admet la transcription de l'acte de naissance uniquement à l'égard du supposé père biologique effaçant le second parent[12]. Cette jurisprudence étant inique et incohérente[13], la Cour européenne a de nouveau été saisie au début de cette année[14]. Souhaitons qu'elle puisse mettre bon ordre dans cette cacophonie et arrive à faire entendre raison à notre Cour de cassation !

Les familles homoparentales peuvent prétendre à une protection juridique. Bien sûr tout n'est

---

9 *Seul le TGI de Versailles a fait de la résistance en refusant en 2015 une adoption au motif que le mariage aurait duré trop peu de temps, position infirmée par la cour d'appel de Versailles le 16 février 2016 ; le TGI de Versailles a ensuite refusé de prononcer une adoption au motif que le géniteur pourrait un jour, peut-être, reconnaître l'enfant. Là aussi, la cour d'appel de Versailles a infirmé la position du TGI de Versailles dans deux arrêts du 15 février 2018.*
10 *Cass. civ 1re, 5 juillet 2017, pourvoi n°16-16455*
11 *Cass. civ 1re 8 juillet 2010, pourvoi n°08-21740 ; voir aussi TGI Paris, 21 décembre 2017*
12 *Cass. civ 1re, 5 juillet 2017, pourvois n°15-28.597, n°16-16.901, n°16.50.025 et n°16-20.052*
13 *Et pourtant réitérée par la cass. civ 1re , 29 novembre 2017, pourvoi n°16-50061*
14 *CEDH Braun c/France req. 1462/18*

pas parfait[15] et certains juges vont encore refuser à l'enfant la protection juridique de sa situation, mais les voies de recours existent et, en dernier ressort, si la Cour européenne devait se prononcer sur la position des juridictions françaises qui refuseraient cette protection, il y a fort à parier qu'elle constaterait la violation de la Convention européenne des droits de l'homme qui garantit à chaque citoyen le droit à la vie privée et familiale et ce, sans discrimination.

Pour progresser sur le chemin de l'égalité des droits, il reste maintenant à faire modifier la loi française sur la PMA en l'ouvrant à toutes les femmes comme l'ont déjà fait 26 pays européens ; il faut aller plus loin et mettre en place un mécanisme permettant de voir le lien de filiation juridique établi dès la naissance de l'enfant – donc plus d'adoption de l'enfant du conjoint –, à l'instar de ce qui peut se faire en Belgique, au Royaume-Uni ou au Québec, pays qui ont depuis longtemps compris quel était le meilleur intérêt de l'enfant.

Vive les familles homoparentales !

Caroline MECARY,
avocate au barreau de Paris, ancien membre du conseil de l'ordre
Contact : caroline.mecary@orange.fr

« LGBTIphobies : les enfants des familles homoparentales en première ligne »
Par Dominique Boren, coprésident de l'Association des parents et futurs parents gays et lesbiens (APGL)

D'une année sur l'autre, SOS homophobie nous livre, en condensé, une partie de la haine et de la violence que certain·e·s de nos compatriotes vouent aux personnes LGBTI, à nos ami·e·s, à nos conjoint·e·s, à nous. Triste miroir d'une réalité dont les variations d'une année à l'autre ne corrigent en rien cette sourde colère qui me saisit l'esprit devant ces manifestations d'exclusion, de dénigrement d'appartenance à un collectif commun, en raison de l'orientation sexuelle ou l'identité de genre. Et, quel que soit le nombre d'actes ou de propos enregistrés, il en suffit d'un seul pour nous rappeler que nous, les personnes LGBTI, sommes les cibles !

Parmi les auteur·e·s, parmi ceux et celles qui insultent, dénigrent, méprisent voire frappent ou tuent, il m'arrive de penser avec consternation qu'ils et elles peuvent très bien croiser le chemin des enfants, et surtout de ceux des familles homoparentales. Pour les personnes LGBTI adultes, les LGBTIphobies sont des faits – inacceptables – de société, et pour certain·e·s des réalités hélas trop vécues, mais ces personnes ont à leur disposition des moyens, soit se tenir à l'écart, ne pas s'exposer ou minimiser les conséquences, au risque d'un acte LGBTIphobe, soit protester, dénoncer, faire entendre sa voix.

Pas les enfants. Pas nos enfants !

Petits ou grands, ils et elles sont exposé·e·s, chacun·e à sa manière, à des manifestations d'actes de nature LGBTIphobe, et ce, quels que soient les lieux qu'ils et elles sont amené·e·s à fréquenter : l'école, pour leurs activités sportives, éducatives ou culturelles, les familles de leurs copains et copines, et bien sûr les médias, la rue, les voisins du dessus...

---

[15] *Je pense ici à la très faible protection juridique du lien entre l'enfant et son parent social même si les TGI sont plutôt ouverts à cette protection avec l'application de l'article 371-4 du Code civil, mais cela suppose de les saisir.*

Ils et elles peuvent en être des victimes directes, des témoins malgré eux·elles, voire associé·e·s à une manifestation collective sans pouvoir s'en démarquer (pas toujours facile de s'opposer aux autres dans les cours des collèges). Et qu'en font ces enfants dont les parents sont visés ? Comment ces filles et ces garçons de parents homos partagent-ils·elles leur ressenti avec leurs parents ?

Les plus petit·e·s n'auront pas la pudeur ou la retenue des plus grand·e·s et trouveront des mots pour s'opposer. Pour les plus grand·e·s, il est vrai qu'ils sont souvent exposé·e·s à des actes LGBTIphobes plus directs, explicites, le meilleur moyen de défense étant le silence et la mise à distance.

C'est la hantise de quasiment tous les parents et futurs parents LGBT : comment prévenir le prévisible – l'acte LGBTIphobe –, mais incertain dans l'occurrence, la date ou le lieu ? Comment protéger ses enfants de la gratuité du « *sale PD* » ou du « *gouinasse* », qui peut surgir à tout moment, à la moindre occasion ? Les parents LGBT dans la relation qu'ils construisent avec leurs enfants se donnent les moyens de répondre à ces questions, comme ils le peuvent, quand ils le peuvent.

Une politique des pouvoirs publics « tolérance zéro » vis-à-vis de toutes manifestations de LGBTIphobies ne peut qu'aider davantage les parents LGBT à protéger leurs enfants.

Site internet de l'APGL : www.apgl.fr

Un regard sur...
Les LGBTphobies en outre-mer

SOS homophobie est heureuse de créer dans son rapport sur l'homophobie un chapitre dédié aux LGBTphobies ultramarines. Souvent méconnues, invisibilisées voire niées, les spécificités des LGBTphobies en outre-mer doivent être décrites, rendues visibles et combattues. Pour faire ce travail nécessaire de constat et d'analyse, nous donnons la parole aux associations Total Respect et Kap Caraïbe qui sont les mieux à même de parler du rejet, de l'intolérance et de la haine auxquels sont confrontées les personnes lesbiennes, gays, bi et trans dans les territoires ultramarins.

Les LGBTphobies en outre-mer
Par l'association Kap Caraïbe

Bien que la Martinique soit une collectivité territoriale française, on ne peut comprendre l'intensité de la stigmatisation des personnes LGBT+ qu'en replaçant ce territoire dans son contexte géographique et historique, distinct de celui de l'Hexagone.

L'essentiel des îles indépendantes de l'arc antillais a conservé une législation d'origine coloniale hostile à l'homosexualité. Les îles françaises et néerlandaises font dans la région figure d'exception en matière juridique, mais partagent le même héritage historique et social responsable de la persistance de l'homophobie dans les sociétés afrodescendantes en situation postcoloniale. La répression de la sodomie y a été instaurée dès l'arrivée des premiers colons au XVIe siècle, et a alimenté la dialectique coloniale de manière variée mais continue depuis. Tant et si bien qu'aujourd'hui, la plupart des personnes homophobes considèrent que l'homosexualité n'existait pas chez leurs ancêtres africains. Le même phénomène est observable en Afrique subsaharienne.

Dans ce contexte, l'homophobie expose l'ensemble de la population à des violences, dont le principal objet est de sanctionner la transgression de l'hétéronormativité. Les personnes LGBT+ en Martinique en sont les premières victimes.

Les jeunes LGBT+ interrogés ont dès l'enfance conscience de grandir dans un contexte hostile, et s'installent le plus souvent dans le placard. Il s'agit là d'une violence psychologique signalée dans presque tous les témoignages. Un homme homosexuel de 34 ans évoque son enfance : *«J'étais quelqu'un d'extrêmement renfermé, je préférais occulter toute forme de pensée de ce genre, je m'interdisais toute sorte de sentiments, toute forme d'impulsion.»*

Le milieu scolaire peut être particulièrement violent pour ces jeunes exposés aux violences verbales, physiques et sexuelles, et sujets au décrochage scolaire, voire aux tentatives de suicide. Un homme homosexuel de 35 ans témoigne : *« Une fois j'étais sous l'abribus, comme tout le monde, on me jetait dehors sous la pluie. J'avais pas le droit de me déshabiller dans le vestiaire des garçons et le prof ne voulait pas que je me déshabille dans celui des filles donc je me déshabillais sur le palier. Je pouvais pas m'asseoir à leur table. »*

La porte de sortie est souvent l'exil, et de nombreux LGBT+ quittent la Martinique dès leur majorité pour l'Hexagone afin de vivre plus librement.

« *Certains ont préféré se renier ou même partir loin de leur île, de leur famille et de leurs repères pour pouvoir vivre en paix...* », dit une femme hétérosexuelle de 30 ans.

Ceux qui restent sur le territoire peuvent être confrontés à des difficultés professionnelles ou économiques si leur orientation ou leur identité sexuelle véritables sont connues.

« *Je serais licenciée si mon patron savait que je vis avec une personne du même sexe* », nous confie une femme bisexuelle de 30 ans.

Dans un environnement insulaire où l'anonymat est impossible, les premiers lieux gay friendly et la première association de lutte contre l'homophobie ne sont apparus que récemment en Martinique, laissant peu d'espace pour les rencontres et l'épanouissement des relations sentimentales.

« *Ne pas pouvoir vivre de vraies histoires avec une femme par peur d'être découverte et se contenter de rencontres sexuelles sordides dans des soirées super privées est malheureusement le lot de quelques-unes en Martinique. Revenir vivre ici, pour ce qui est de cet aspect des choses, est un vrai recul* », explique une femme bisexuelle de 40 ans.

L'homophobie demeure une attitude « légitime » dans la société martiniquaise, et peut être incarnée par des chanteurs de *murder music* (voir certains textes de ragga dancehall) ou des personnalités politiques sans qu'elles ne soient mises en cause...

La lutte contre l'homophobie en outre-mer et plus particulièrement en Martinique doit impérativement passer par une réelle prise de conscience des pouvoirs publics qui doivent rappeler fermement aux représentants politiques que les lois de la République s'appliquent également dans les territoires ultramarins. À titre d'exemple, personne aujourd'hui n'est en mesure de quantifier les dépôts de plainte pour homophobie en Martinique puisque ceux-ci ne sont quasiment jamais enregistrés en tant que tels, voire ne sont tout simplement pas pris...

C'est au prix de cette mobilisation de l'État que, par le biais de sensibilisation et de formation des enseignants, des policiers, des partenaires sociaux, les mentalités caribéennes pourront enfin évoluer vers une vraie libération de la pensée.

L'association Kap Caraïbe : http://www.kapcaraibe.org

La situation des Français·es d'outre-mer LGBT
Par Total Respect

Guadeloupe, Guyane, Martinique, Mayotte, Nouvelle-Calédonie, Polynésie française, Réunion, St-Barthélemy, St-Martin, St-Pierre et Miquelon, Wallis et Futuna... Redisons les noms fondamentaux de ces terres où nous vivons lorsque nous sommes outre-mer, et d'où nous venons lorsque nous sommes en diaspora.

Depuis le 15 mars 2005, la fédération Total Respect «Tjenbé Rèd» rassemble, soutient et représente les Français·es d'outre-mer LGBT et leurs associations, outre-mer comme en diaspora, notamment dans l'Hexagone.

Ainsi, en 2018, SOS homophobie nous fait l'amitié de nous ménager une place dans son estimé rapport annuel. Nous l'en remercions chaleureusement car c'est bien, nous concernant, de place dont il s'agit.

Notre place n'est pas «à côté» des sociétés ultramarines. Pourtant, constamment, elles nous désignent comme étant en marge d'elles : au mieux à l'intérieur, le plus souvent à l'extérieur. Présenter une orientation sexuelle ou une identité de genre minoritaire est stigmatisé comme «un truc de Blancs», comme une «perversion hexagonale».

La France, pays inclusif ?

Les valeurs républicaines («Liberté, Égalité, Fraternité»... Laïcité...) devraient offrir un appui contre une telle stigmatisation. Cependant, elles peuvent être affaiblies outre-mer par le poids de la religion ou de certaines traditions, mais aussi par le poids de l'histoire (les «valeurs républicaines» ont été, outre-mer, celles de l'esclavage, et restent celles d'inégalités criantes). Par ailleurs, ces valeurs telles qu'elles sont mises en œuvre par l'État ont longtemps occulté les situations intersectionnelles, notamment la situation des Français·es d'outre-mer LGBT. Ainsi, la question raciale qui voisine la question ultramarine a souvent été ignorée par l'État et par les institutions publiques ou privées chargées de lutter contre les discriminations en France : davantage encore lorsqu'elle croise d'autres facteurs d'exclusion (mieux vaut éviter d'être noir·e «et» handicapé·e, maghrébin·e «et» homosexuel·le, asiatique «et» démuni·e en France).

Ailleurs et plus tard

Souvent, les responsables des politiques de lutte contre les racismes ont cherché à couvrir leur cœur de cible en se disant qu'une discrimination à la fois c'est assez : ils ont éliminé de leur champ de vision un certain nombre de «sous-minorités», qu'elles soient par exemple porteuses de handicap ou qu'elles présentent une orientation sexuelle ou une identité de genre minoritaire et même contestée. Ils disaient que la question serait réglée *ailleurs et plus tard* (par les responsables de la lutte contre les discriminations liées aux handicaps, à l'orientation sexuelle ou à l'identité de genre, pour s'en tenir aux exemples précités). *Mutatis mutandis*, les responsables des politiques de lutte contre les homophobies ou les transphobies renvoyaient les personnes LGBT de couleur à d'autres politiques liées à la couleur de peau, «ailleurs et plus tard».

Deux axes de propositions

Nous exprimons le besoin d'une communication adaptée : les campagnes de communication conçues à Paris sans que les associations concernées ne soient consultées ne doivent plus se voir ; l'État doit financer des campagnes associatives, dans les médias ultramarins ou LGBT, qui mettent en valeur l'affirmation d'un lien familial maintenu en présence de l'orientation sexuelle ou de l'identité de genre minoritaire de tel ou telle enfant ou de tel ou telle parent·e. Nous exprimons encore un besoin de soutien accentué aux acteurs associatifs qui luttent contre les homophobies aux côtés des populations ultramarines.

La question du VIH

Nos propositions touchent aussi à des questions de santé plus larges. Notamment, les Français·es d'outre-mer LGBT sont particulièrement concerné·e·s par la question du VIH : nous avons recueilli et mis en évidence les données qui laissent penser que le VIH et le sida sont significativement plus présents parmi elles·eux que parmi la population générale, et nous avons dit à quel point cette surinfection (qui constitue une forme de rupture de l'égalité républicaine) était liée au tabou (au « *an ba fey* », dit-on dans la Caraïbe) qui pèse non pas tant sur les pratiques sexuelles mais sur les discours qui leur sont liés. Le projet d'États généraux des PVVIH – personnes vivant avec le virus de l'immunodéficience humaine – parmi les populations ultramarines en France, né des états généraux de l'outre-mer tenus en 2009, a mis en lumière la surexposition au risque que connaissent les HSH (hommes ayant des relations sexuelles avec des hommes), singulièrement dans les communautés ultramarines où leur présence est probablement plus marquée que dans la population générale.

Prévenir les violences

Ainsi, nos propositions ont pour objet de proposer des solutions susceptibles de prévenir les violences et discriminations subies, en raison de leur orientation sexuelle ou de leur identité de genre, par les Français·es d'outre-mer LGBT. Les drames dont nous recueillons l'écho ne doivent plus être vus avec fatalisme.

Paroles vivantes

Les témoignages recueillis par nos organisations-membres, notamment l'association OriZon à la Réunion, certains articles de presse en attestent : nombreuses et nombreux sont les Français·es d'outre-mer LGBT qui doivent quitter leurs îles ou terres de naissance et gagner la France hexagonale ou l'étranger pour échapper aux regards ou aux coups, aux insultes ou aux menaces. Nos compatriotes n'ont ainsi d'autre choix que de se couper de leurs racines, de leur famille, de leurs ami·e·s. Combien choisissent cet autre exil qu'est le suicide pour fuir un quotidien irrespirable ? Combien encore vivent dans l'humiliation ou la négation quotidienne de ce qu'ils sont, de ce qu'elles sont ? Nos organisations-membres, d'autres organisations accompagnent les personnes qui les saisissent. D'autres personnes n'éprouvent pas ce besoin, d'autres encore ne savent pas qu'elles ont le droit ou la possibilité de demander un soutien, d'autres enfin naissent dans l'Hexagone et rejettent leurs racines parce qu'elles auront connu le rejet de leurs proches, parfois même de leur famille (nous pensons à ce jeune homme, chassé de son domicile par son père le menaçant d'un coutelas, sa mère priant dans la cuisine).

Les solutions

Pour remédier à ces situations de rupture de l'égalité républicaine, des solutions existent. Les associations en ont déjà mises en œuvre (par exemple Bangas, un programme de soutien aux personnes LGBT à la rue ou en danger de l'être, ou certaines interventions en milieu scolaire).

Un travail de réconciliation

L'État peut accompagner nos associations dans leur travail de réconciliation de la société civile avec elle-même. Trop de familles sont inutilement et durablement déchirées par la révélation, parfois forcée, de l'orientation sexuelle ou de l'identité de genre du petit dernier ou de la petite dernière, du mari ou de la femme, du père ou de la mère, du voisin ou de la voisine… Il est possible de construire sur ces instants – il est vrai délicats – autre chose que de la haine ou de la rancœur ; de favoriser le dialogue, l'écoute, la compréhension. C'est l'ensemble de la société française qui aurait à gagner à renforcer ses liens et le respect de ces minorités : une jeune personne mise à la rue par sa famille au beau milieu de ses études aura statistiquement, tout au long de sa vie, davantage besoin de soutien public car elle aura moins de réussite scolaire, gagnera moins bien sa vie, paiera moins d'impôts, sera davantage exposée au risque suicidaire ou au risque d'exposition à diverses IST (infections sexuellement transmissibles), notamment le VIH.

Incertain progrès

On entend parfois dire que *«les choses avancent»* outre-mer, que les mentalités *«progressent»*. Sans doute les personnes qui le soutiennent pensent-elles bien faire, ébaubies de voir que la presse locale évoque désormais fréquemment le combat de telle ou telle association. Le 6 août 2012 pourtant, trois de nos bénévoles qui siégeaient en conseil d'administration de notre pôle régional Guyane ont reçu l'appel téléphonique alarmant de notre responsable en Martinique, feu Willy Medhi Mélinard. Celui-ci leur explique avoir été victime d'une agression homophobe : il ajoute que son bras saigne et qu'il s'est barricadé. Pendant quatorze minutes, ces trois bénévoles l'ont écouté, lui ont conseillé d'appeler la police ou les pompiers, mais comment porter plainte contre des proches lorsque l'on est économiquement contraint de vivre à leur contact ? Les jours suivants, nos bénévoles ont tenté de le joindre afin de savoir si la situation était revenue à la normale. En vain : Willy est mort le 7 août 2012. Il aurait été trouvé dans son lit, victime d'une *«rupture d'anévrisme»*. Si nous avions disposé des fonds nécessaires à un taxi et à une chambre d'hôtel, peut-être serait-il encore vivant. Par son humanité, par sa douceur, par son sens de l'écoute, par sa finesse d'esprit (lui qui était en situation de handicap psychique, il avait pu, trois semaines avant sa mort, corriger avec nous le texte d'une conférence de quinze pages sur le mariage et l'homoparentalité), Willy Medhi Mélinard nous manque. Cette contribution lui est dédiée, ainsi qu'au militant LGBT Alain Oncins, mort également en Martinique en 2012 en des circonstances non moins dramatiques. C'est dans un tel contexte qu'interviennent notre fédération et ses organisations.

En conclusion, nous avons retenu trois paroles dramatiques ou plus mélancoliques qui laissent cependant une place à des dimensions plus souriantes de la vie des Français·es d'outre-mer LGBT : la première émane, en 2009, d'un Martiniquais vivant dans l'Hexagone, au milieu de ce million de personnes formant la diaspora ultramarine en France ; la deuxième nous vient, en 2012 lors d'une conférence publique inédite sur le projet de mariage pour tou·te·s, de notre ancien président régional en Martinique, feu Willy Medhi Mélinard ; la troisième nous vient d'une agression survenue en 2007 sur un parking guadeloupéen, qui en dit tant sur la difficulté à se dire et sur les passages à l'acte qui peuvent en découler (ces trois paroles sont à lire ci-après).

Un lent changement semble à l'œuvre en ce qui concerne les Français·es d'outre-mer LGBT. Après plus d'une décennie de dialogue exigeant avec les sociétés ultramarines, avec les communautés LGBT et avec l'État, des états généraux des Français·es d'outre-mer LGBT et de leurs ami·e·s (#ÉgomLGBT) ont été lancés le 14 février 2017 au ministère des Outre-mer. Une déclaration de principes et d'objectifs a été adoptée dont les 12 articles sont en train d'irriguer la réflexion et l'action des organisations LGBT comme ultramarines ainsi que des élu·e·s et administrations concerné·e·s.

La tribune publiée par sept député·e·s ultramarin·e·s le 14 février 2018 à l'occasion du premier anniversaire du lancement des #ÉgomLGBT, saluée par la nouvelle ministre des Outre-mer Annick Girardin, renouvelle nos espoirs (« *Nous, parlementaires des outre-mer, refusons l'homophobie* », par Ericka Bareigts, Huguette Bello, Justine Bénin, David Lorion, Jean-Hugues Ratenon, Olivier Serva et Gabriel Serville).

Que cela soit non une fin mais un début : outre-mer comme dans l'Hexagone, un·e enfant qui annonce à ses parents qu'il ou elle est LGBT ne devrait plus être mis·e à la porte.

facebook.com/federationtotalrespect - federation@tjenbered.fr - 06 10 55 63 60

Juëlle BOYER,
présidente de Total Respect et présidente régionale Indien/Pacifique
Didier JEAN,
vice-président de Total Respect et président régional Antilles-Guyane
David Sar AUERBACH CHIFFRIN,
avocat et porte-parole de Total Respect dans l'Hexagone

Trois paroles

« Un tabou dans les communautés antillaises »
Par Iliendefrance (Paris)

Je souhaiterais évoquer une question taboue : celle de l'homosexualité et de l'homophobie dans les communautés antillaises. Il ne s'agit évidemment pas d'une question propre aux Antilles mais elle se pose avec une acuité particulière. Ce tabou de l'homosexualité et l'homophobie diffuse y font plus de ravages qu'ailleurs car ils y sont encore très vivaces. Ils incitent au refoulement, à la dissimulation, et génèrent une faible estime de soi avec les souffrances et les comportements à risque corrélatifs, quand ce n'est pas directement le suicide. L'omerta généralisée à ce sujet est délétère. Le silence dans ce domaine, comme dans bien d'autres, nuit gravement à la personne concernée, à son entourage et à la société tout entière. Dans mon cas, et je ne pense pas qu'il soit unique, le constat que la culture antillaise ne me permettait pas de vivre mon homosexualité, qui constitue, comme pour d'autres l'hétérosexualité, une part essentielle de mon identité, m'a amené pendant un moment à renier ma culture antillaise. Heureusement, maintenant j'assume mieux et je suis depuis plusieurs années dans une phase de redécouverte et d'appropriation de cette culture et de mon identité noire antillaise dans un cadre résolument ouvert. J'ai aussi été amené à relativiser la vision apocalyptique que je me faisais des Antilles sur cette question, et je ne conteste pas que dans la confrontation de l'individu à des normes sociales qui le contraignent toujours plus ou moins il n'y ait pas une part irréductible de liberté et d'affirmation de la personnalité qui se joue. Mais je trouve tout de même terrible que pendant plusieurs années, qui ont correspondu peu ou prou à mes années d'études dans l'Hexagone, j'aie été saisi par ces passions tristes en forme de cruel dilemme consistant dans le choix entre haine de soi et rejet de sa culture d'origine. Lorsque je revenais à la Martinique l'été, je redoutais évidemment les questions sur la vie sentimentale et plus encore l'indifférence ou pire l'excitation entourant les chansons de dance hall jamaïcaines ou des Antilles françaises émaillées d'appels au meurtre des homosexuels. À ce titre je ne saluerai jamais assez les actions d'associations, comme Total Respect, que j'ai pu identifier par la suite, contre les chanteurs qui continuent sur cette voie. Ces actions salutaires m'ont sorti du défaitisme dans lequel je sombrais, défaitisme qui semble si répandu aux Antilles.

Loin de n'être qu'une lutte particulière, la lutte contre l'homophobie a une portée universelle et un potentiel d'enrichissement du vivre ensemble et de la démocratie. Il convient en effet de préserver les valeurs traditionnelles dans ce qu'elles ont de plus fécond mais en leur fixant des limites claires dans l'espace public lorsqu'elles se heurtent à des valeurs modernes fondamentales d'humanisme et d'individualisme. Concrètement il faut que les pouvoirs publics (déconcentrés, comme les services de l'État dans les départements et régions, sans oublier les institutions judiciaires ; ou décentralisés comme les services régionaux, départementaux, municipaux) se saisissent de la question de l'ouverture à la différence, de la lutte contre les discriminations et pour l'égalité et qu'ils ne se dérobent pas à leurs responsabilités et à leur rôle d'orientation dans ce domaine. Il faut qu'ils le fassent avec les moyens offerts par la réglementation, la prévention, la pédagogie, l'éducation (question très importante dont les services rectoraux doivent se saisir, car il s'agit d'essayer d'agir sur les représentations des jeunes générations en recourant également à la prévention), et au besoin la répression. C'est une question de santé publique, de cohésion sociale, de salubrité civique et démocratique. Dans ce domaine, comme dans d'autres, comme disait Sartre : « *On est responsable de ce qu'on n'essaie pas d'empêcher.* »

Encore une fois, cet engagement ne va pas profiter seulement aux communautés LGBT mais à toutes les communautés antillaises, et faire progresser l'universel. Ce serait d'ailleurs un gâchis inadmissible que de se priver de la richesse de toutes les communautés traditionnellement déconsidérées.

Enfin, j'évoquerai le rôle des artistes et des intellectuels antillais avec cette phrase archiconnue d'un de leurs plus illustres représentants, Aimé Césaire, tirée du *Cahier d'un retour au pays natal*, et que l'on ne devrait jamais s'interdire d'actualiser et d'élargir sous peine de lui faire perdre toute sa puissance poétique subversive : « *Ma bouche sera la bouche des malheurs qui n'ont point de bouche, ma voix la liberté de celles qui s'affaissent au cachot du désespoir.* »

« Vous qui passez sans me voir »
Par Willy (Martinique)

Bonsoir. Je voudrais d'abord remercier la mairie de Fort-de-France pour l'organisation de cette conférence...

J'ai connu l'homophobie personnellement et de façon quotidienne. Quand je vais au boulot ou dans la rue, dans le bus, chez mes parents... C'est (très) dur, pour un métis indo-antillais comme moi, de comprendre cette façon de penser, qui implique des peurs, des comportements peu cohérents, alors que l'amour, les sentiments sont vrais. Alors, messieurs, vous qui me voyez dans la rue, pourquoi détournez-vous votre regard ? et pourquoi est-il si dur d'être ce que l'on appelle de façon méprisante un « *makoumè* » aux Antilles sans que l'on soit maltraité, tué ou battu ? sans que certains ne perdent la tête ou ne décident de partir ? Sur cette île, où toutes les paroles sont amplifiées, déformées, pour devenir une horrible réputation...

Pourquoi ne pas pouvoir, comme tout le monde, aborder un homme dans la rue et lui dire : « *Salut, tu es mignon, je t'offre un verre ?* » On préfère privilégier les rencontres sur Internet, qui déshumanisent la relation et la rendent sèche, sans sentiment, juste basée sur la pulsion sexuelle. Pourquoi y a-t-il si peu de couples noirs antillais qui assument leur identité gay ou bi ?

Peut-être, il est temps de croire en l'avenir avec les nouvelles générations, qui je l'espère seront plus ouvertes. Il faudra faire un travail de fourmi, acharné, expliquer simplement que l'amour est le plus beau des sentiments et qu'il ne faut pas avoir peur d'aimer quelle que soit la personne que l'on aime.

Je lance un appel à toutes les personnes directement concernées, à tous leurs proches, à toutes les personnes qui ne sont pas directement concernées mais ont envie d'être solidaires afin de bâtir le pays Martinique pour tous ses habitants !

En conclusion, je voudrais juste dire ceci : *l'anmou sè pli bel choz a sou la tè*. [L'amour, c'est la plus belle chose sur Terre.]
« *Tjenbé Rèd !* » [Tenez bon !]

Récit d'une agression homophobe en Guadeloupe
(Billet publié sur le blog de Tjenbé Rèd Prévention sur Têtu.com : « Outre-Mer et Pairs »)

Nous sommes en août 2007 – un samedi ? la nuit d'un samedi au dimanche ? Une heure ou deux après minuit, en tout cas. Pascal, un Guadeloupéen noir de 22 ans, et un ami blanc de Lille, Pierre, 30 ans, dont les prénoms sont ici modifiés, sortent de soirée et décident de se rendre en voiture sur la place Saint-John-Perse à Pointe-à-Pitre, pour draguer (d'autres garçons). Après une heure ou deux de quête infructueuse, ils sont abordés par un rasta à vélo d'une vingtaine d'années, parlant uniquement un créole mâtiné d'accent anglophone (sans doute un Dominiquais), qui leur demande ce qu'ils cherchent : « *Ka zot ka cheché ?* »

Nos deux amis répondent qu'ils cherchent à passer un bon moment. Ils offrent une cigarette au rasta cycliste qui leur demande s'ils ont de l'argent, s'ils cherchent de la drogue. Suite à leur réponse négative, il leur propose de le suivre en voiture dans un endroit tranquille. Un peu hésitants mais emportés par l'instant, Pascal et Pierre acceptent et se retrouvent en bas d'une cité HLM à côté de Lauricisque (quartier populaire de Pointe-à-Pitre). Dans un recoin obscur, ils rendent alors à tour de rôle hommage aux attributs virils du sieur rasta, en la forme de fellations qu'ils alternent sur sa personne. Il n'y est d'ailleurs pas insensible puisqu'un organe respectable se dresse rapidement sous leurs yeux.

Brusquement, alors que Pierre le suce, le rasta cycliste range ses attributs et se rhabille en maugréant : *« Sa zo ka fèt la, sa pa ka fèt, yon de vou dé, ké mow o swè la »* [*« Ce que vous faites là, ça se fait pas, y en a un de vous deux qui va mourir ce soir »*]. Il sort une arme à feu, la pointe vers Pierre, lui dit de se déshabiller et commence à examiner les poches et le véhicule des deux amis en leur répétant : *« Yon de vou dé, ké mow o swè la. »* Pierre essaye de s'emparer de l'arme, un coup de feu part, le rasta le frappe de plusieurs coups de crosse à la tête, Pierre est en sang. Nos deux amis n'ont pas d'argent sur eux, le coffre est vide, le cycliste ne sait visiblement pas conduire, l'autoradio ne peut pas être dévissé... L'agresseur rudoie une dernière fois ses victimes, pousse Pierre sur la voiture, et s'en va en emportant les clefs. Il est cinq ou six heures du matin, nos deux amis ne souhaitent pas porter plainte : la peur du regard des policiers, des familles, le fatalisme sur les poursuites judiciaires éventuelles...

Cette nuit de cauchemar, qui évoque l'agression subie par David Fisher dans l'épisode 5 de la saison 4 de *Six Feet Under* («That's My Dog»), prend fin sur la plage à essayer de reprendre ses esprits.

« Mais qu'allaient-ils faire dans cette galère ? », dira-t-on – avec quelque raison. Plusieurs enseignements paraissent pouvoir être tirés de l'histoire. D'abord, quand certains homos sont en chasse, ils sont quand même principalement guidés par celui de leurs neurones qui aboutit à leur pénis. C'est d'ailleurs à ce genre de circonstances que l'on peut probablement imputer bon nombre de contaminations au VIH. À quoi renonce-t-on quand on renonce à ce point à prendre soin de soi ? Ensuite, quand certains homos sont en chasse, ils peuvent aussi tomber sur d'autres homos plus ou moins assumés, plus ou moins en chasse eux aussi mais surtout de proies faciles, de portefeuilles ou de téléphones portables – en chasse également de cette part d'homosexualité dont ils s'efforcent sporadiquement de se débarrasser. Des homos ou, selon une terminologie plus fine, des HSH (hommes ayant des rapports sexuels avec des hommes). Enfin, la drague a ses règles et les lieux de drague aussi. Comme le dit Pascal : *« En fait, le principe de cette place, c'est que les gens se matent en voiture, ils ne prennent pas de piétons, parce qu'en général c'est des mecs qui agressent, là on n'a pas respecté la règle. »*

Cette histoire d'agression n'est pas forcément propre à la Guadeloupe, mais le temps qu'il a fallu pour que nous en prenions connaissance l'est davantage : deux ans. La peur du regard social, le poids du silence (du *«an ba fey»*), le poids des habitudes ou du fatalisme se conjuguent pour convaincre les victimes d'agressions homophobes aux Antilles qu'il ne sert à rien de témoigner – encore moins de porter plainte.

Est-il anodin que ce rasta certainement incertain – on peut feindre la séduction pour attirer deux pigeons, on peut difficilement feindre l'érection – soit finalement entré en rage au moment où c'était la bouche d'un Blanc qui le soignait ? Est-il anodin qu'il les ait conduits au cœur de l'un des quartiers les plus populaires de Pointe-à-Pitre ? Parfois, pour des raisons liées sans doute à cette semi-imposture qu'est « l'universalisme à la française », certains tendent à nier qu'il existe un complexe homophobe des Antilles françaises. À les entendre, finalement, la seule différence entre une banlieue parisienne – pas Neuilly, évidemment – ou une campagne rurale reculée et la Martinique, ce serait... la température ? Ce discours sur l'universalisme a les meilleurs fondements *(« Vous êtes citoyens français, vous avez donc tous les droits d'un citoyen français »)* ; il a aussi les plus ambigus *(« Vous êtes citoyens français, vous n'avez donc pas le droit de développer de revendications particulières »)*. D'aucuns disaient cela autrement lorsque l'Algérie était composée de départements français : « *La Méditerranée traverse la France comme la Seine traverse Paris.* »

Ce billet se veut un amical salut à Pascal et à Pierre ; ce blog se veut un outil pour contribuer à mettre au jour plus rapidement – pour mieux les prévenir – de tels épisodes.

Billet inaugural publié sous le titre : « Le rasta cycliste, son sexe énorme, son gun », *en date des 9 septembre 2009 et 25 février 2010 sur le blog* « Outre-mer et Pairs – Une actualité des homophobies et du sida du point de vue des minorités ethniques en France ultramarine et hexagonale », *hébergé par Têtu.com.*

Total Respect. Contre les racismes, les homophobies et le sida.

Un regard sur...
Les LGBTphobies chez les seniors

Encore méconnue et bien souvent niée et invisibilisée par la société, la haine à l'encontre des personnes seniors lesbiennes, gays, bi ou trans est une réalité. Nous avons décidé de créer cette année une nouvelle rubrique consacrée aux LGBTphobies chez les seniors. Nous avons le plaisir de donner la parole à l'association GreyPRIDE qui, au quotidien, fait le constat de l'intolérance et du rejet à l'encontre des seniors LGBT. Décrire les manifestations de ces LGBTphobies spécifiques permettra de mieux les combattre et mieux les prévenir.

Par Francis Carrier, président de l'association GreyPRIDE

Vieillir LGBT : des discriminations à tiroirs

L'homophobie, la biphobie ou la transphobie n'épargnent pas les individus quel que soit leur âge ; certains appels reçus via notre ligne d'écoute en témoignent. Cependant en vieillissant les seniors LGBT sont confronté·e·s à d'autres types d'exclusion.

Notre premier combat : lutter contre l'invisibilité

Vieillir n'est facile pour personne, mais lorsqu'on fait partie de la minorité LGBT les difficultés se multiplient. Aujourd'hui la situation des seniors LGBT n'est même pas une question évoquée par les acteurs de la filière gérontologique, et cette population n'est donc pas identifiée comme pouvant subir une discrimination : une population invisible ne souffre pas et n'a pas de revendications.

Cette invisibilité est une stratégie de défense à un moment où l'on se sent plus particulièrement vulnérable. Son origine ? Le long apprentissage des discriminations vécues tout au long de sa vie.

Cette photo posée sur la table de chevet d'un vieux monsieur gay dans une maison de retraite sera à l'origine du premier mensonge qui l'enfermera définitivement dans le silence de sa propre histoire :
- C'est qui sur cette photo, votre frère ?
- Euh... oui...

Ou ce couple de vieilles lesbiennes qui pour une raison médicale est confronté au personnel soignant, mais qui ne pourra jamais dire la nature de leur relation :
- Après cet examen, une personne devra venir pour vous raccompagner chez vous. Vous êtes mariée ? Votre mari pourra venir ? Ou peut-être une amie ?
- Oui, j'ai une amie qui viendra me chercher.

Ces mensonges par omission, vécus par toute personne LGBT, peuvent sembler anodins mais ils ont pourtant des conséquences graves : l'impossibilité de dire qui on est, l'impossibilité de raconter son histoire, sa vie, ses amours (selon une étude récente, 50 % des personnes LGBT ne parlent pas spontanément de leur orientation sexuelle à leur médecin traitant).

Le premier mensonge enferme les personnes dans une fausse relation. Un mensonge en appelle un autre et ainsi la crainte d'être découvert·e ne permet plus d'établir une relation de confiance qui est pourtant essentielle à ce moment de notre vie : l'auto-exclusion se met en place.

Que ce soit à son domicile, ou dans un établissement d'accueil pour personnes âgées, les seniors LGBT vivent un isolement plus marqué, et ce phénomène d'auto-exclusion n'est pas la seule cause de discrimination.

L'isolement : premier facteur de risque

En l'absence d'études françaises sur ce sujet, nous ne pouvons que lire les rapports établis aux États-Unis et au Canada. Ils font apparaître des facteurs aggravants de la situation des seniors LGBT.

- Des ruptures familiales importantes au cours de la vie qui font que les seniors LGBT ont peu de proches pour les accompagner : 51 % des seniors LGBT vivent totalement isolé·e·s.
- Les ruptures professionnelles plus fréquentes au sein de la population LGBT ont pour conséquence des revenus plus faibles et donc un niveau de pauvreté plus important que la population générale[1]. L'étude faite par SAGE[2] montre que le taux de pauvreté est respectivement supérieur de 9,6 % pour un couple lesbien et de 4,6 % pour un couple gay contrairement à l'idée largement répandue que les gays seraient plus aisés que la population générale.
- Un taux de maladies physiques et mentales plus important. On peut citer : hypertension sanguine, cholestérol, diabète, VIH, addictions, et maladies mentales graves. Ainsi, selon cette même étude, plus de la moitié des seniors LGBT ont été diagnostiqués comme dépressifs, 39 % ont fortement pensé à se suicider.
- L'isolement social est aujourd'hui reconnu comme le facteur de risque le plus important pour les personnes âgées. De plus, les LGBT seniors sont très souvent célibataires (deux fois plus que la population globale) et ont beaucoup moins d'enfants.

Tous ces facteurs objectifs se cumulent avec un faible soutien de la plupart des associations et des médias LGBT et surtout un déni de sa propre vieillesse dans la communauté LGBT. À l'heure actuelle il est presque impossible de trouver dans l'iconographie LGBT française des images positives de couples LGBT âgés, comme si l'orientation sexuelle et l'identité de genre étaient propres à la jeunesse. Pourtant, vieillir, c'est ce que nous faisons chaque jour depuis que nous sommes né·e·s !

Un problème de société

GreyPRIDE se doit de penser à la situation des seniors LGBT, à leur façon de vivre, d'être soigné·e·s, de mourir, mais nous agissons dans un environnement qui pour le moins est insatisfaisant pour tou·te·s.

---

1 « LGBT Elders: Poverty's Challenges Worsen With Age », *Huffingtonpost.com*, 2 février 2016
2 Rapport de SAGE (association américaine de défense des seniors LGBT) : « LGBT Older Adults and Health Disparities »

L'explosion de mécontentements dans les différents EHPAD (établissements hospitaliers pour les personnes âgées dépendantes) n'est qu'une manifestation de la difficulté de notre société à organiser le bien-vieillir de sa population.

Nous voyons bien que parler des seniors LGBT, c'est toucher un sujet qui concerne différents types de discriminations : l'âgisme, l'homophobie ordinaire ou intériorisée et les difficultés du vieillissement propre aux personnes trans qui pour l'instant n'est quasiment pas étudié.

Parler de la sexualité de tous les seniors est la première étape pour ré-humaniser notre rapport à la vieillesse et revaloriser notre corps. Je ne parle pas d'une sexualité stéréotypée, calquée sur les performances de la jeunesse, mais d'une sexualité en harmonie avec nos désirs, nos corps, nos rencontres et notre âge. Notre orientation sexuelle ne doit pas être ignorée, mais faire partie naturellement de notre bien-vieillir.

Un environnement tolérant à la violence envers les vieux

La violence, c'est de se sentir obligé·e·s de cacher, en vieillissant, notre histoire, nos corps et nos désirs.

La violence, c'est d'accepter comme une fatalité que l'on puisse vieillir dans de mauvaises conditions en France.

La violence, c'est de considérer que les vieux n'ont plus de place dans notre société.

La violence, c'est l'impossibilité de transmettre son histoire.

Et vous, lorsque vous serez vieux ou vieille, n'aurez-vous pas le désir d'être aimé·e et d'aimer jusqu'au dernier jour de votre vie, d'être respecté·e quelles que soient votre orientation sexuelle ou votre identité de genre, de pouvoir choisir où vous souhaitez vieillir et en compagnie de qui ?

Pour devenir membre de GreyPRIDE : www.greypride.fr
Ligne d'écoute ouverte le mardi et le jeudi de 16h à 18h : 01 44 93 74 03
GreyPRIDE est un collectif associatif créé en octobre 2016 qui regroupe des personnes physiques et des personnes morales (AIDES, Act Up-Paris, Acceptess-T, Basiliade, Bi'Cause, David & Jonathan, DiverSeniors (Toulouse), Les Bascos (Bayonne), Actions Traitements, Le Kiosque Infos sida, le Centre LGBT de Paris-IDF).

Annexes

Le droit français
face aux LGBTphobies

Agression - LGBTphobie, une circonstance aggravante

Au début des années 2000, plusieurs textes sont votés ou amendés par le Parlement inscrivant dans la loi la lutte contre la violence perpétrée envers des individus en raison de leur orientation sexuelle réelle ou supposée : c'est l'intention de l'agresseur qui compte, en l'occurrence son mobile LGBTphobe assimilé à un mobile raciste.

L'homophobie peut être une circonstance aggravante de certaines infractions, c'est-à-dire qu'elle peut alourdir la peine encourue. L'article 132-77 du Code pénal exige des manifestations extérieures d'homophobie concomitantes à l'infraction : « *l'infraction est précédée, accompagnée ou suivie de propos, écrits, utilisation d'images ou d'objets ou actes de toute nature portant atteinte à l'honneur ou à la considération de la victime ou d'un groupe de personnes dont fait partie la victime à raison de leur orientation sexuelle vraie ou supposée* ».

- **Meurtre à caractère homophobe ou transphobe** [ART. 221-4 7° CP] : Réclusion criminelle à perpétuité ;
- **Tortures et actes de barbarie à caractère homophobe ou transphobe** [ART. 222-3 5° TER CP] : 20 ans de réclusion criminelle ;
- **Violences à caractère homophobe ou transphobe ayant entraîné la mort sans intention de la donner** [ART. 222-8 5° TER CP] : 20 ans de réclusion criminelle ;
- **Violences à caractère homophobe ou transphobe ayant entraîné une mutilation ou une infirmité permanente** [ART. 222-10 5° TER CP] : 15 ans de réclusion criminelle ;
- **Violences à caractère homophobe ou transphobe ayant entraîné une incapacité de travail totale pendant plus de 8 jours** [ART. 222-12 5° TER CP] : 5 ans d'emprisonnement et 75 000 euros d'amende ;
- **Violences à caractère homophobe ou transphobe ayant entraîné une incapacité de travail totale inférieure ou égale à 8 jours** [ART. 222-13 5° TER CP] : 3 ans d'emprisonnement et 45 000 euros d'amende ;
- **Viol à caractère homophobe ou transphobe** [ART. 222-24 9° CP] : 20 ans de réclusion criminelle ;
- **Agressions sexuelles autres que le viol présentant un caractère homophobe ou transphobe** [ART. 222-30 6° CP] : 10 ans d'emprisonnement et 150 000 euros d'amende ;
- **Vol à caractère homophobe ou transphobe** [ART. 311-4 9° CP] : 5 ans d'emprisonnement et 75 000 euros d'amende ;
- **Extorsion à caractère homophobe ou transphobe** [ART. 312-2 3° CP] : 10 ans d'emprisonnement et 150 000 euros d'amende ;

- Menaces à caractère homophobe ou transphobe de commettre un crime ou un délit [ART. 222-18-1 CP] : 2 ans d'emprisonnement et 30 000 euros d'amende ;
- Menaces à caractère homophobe ou transphobe de commettre un crime ou délit avec l'ordre de remplir une condition [ART. 222-18-1 CP] : 5 ans d'emprisonnement et 75 000 euros d'amende ;
- Menace de mort avec l'ordre de remplir une condition [ART. 222-18-1 CP] : 7 ans d'emprisonnement et 100 000 euros d'amende ;
- Injure homophobe ou transphobe non publique [ART. R. 624-4 CP] : 750 euros d'amende ;
- Diffamation homophobe ou transphobe non publique [ART. R. 624-3 CP] : 750 euros d'amende ;
- Injure homophobe ou transphobe publique [ART. 33 AL. 4 LOI 29 JUILLET 1881] : 6 mois d'emprisonnement et 22 500 euros d'amende ;
- Diffamation homophobe ou transphobe publique [ART. 32 AL. 3 LOI 29 JUILLET 1881] : 1 an d'emprisonnement et 45 000 euros d'amende.

L'homophobie et la transphobie peuvent également être réprimées en tant qu'infractions spécifiques. Ainsi, la provocation à la haine ou à la violence ou aux discriminations fondées sur l'orientation sexuelle ou l'identité sexuelle est punie d'1 an d'emprisonnement et de 45 000 euros d'amende (Art. 24 al. 9 LOI 29 JUILLET 1881).

Discrimination

Constitue une discrimination homophobe ou transphobe toute distinction opérée entre des personnes physiques en raison de leur orientation sexuelle ou de leur identité sexuelle, réelle ou supposée. La discrimination est envisagée aux articles 225-1 à 225-4 du Code pénal.

L'article 225-2 précise que la discrimination n'est sanctionnée que dans certains cas limitativement énumérés :
- Le refus de fournir un bien ou un service :
  Exemples :
  – *le cas du propriétaire d'un appartement qui, ayant appris que son locataire est trans, lui impose des garanties supplémentaires exorbitantes,*
  – *le cas d'un maire refusant de célébrer un mariage entre personnes de même sexe ;*
  – *ou encore celui d'un hôtelier refusant une chambre à un couple homosexuel ;*
- L'entrave à l'exercice d'une activité économique : sans viser des agissements précis, cette forme de discrimination vise tous moyens exercés par une personne (pression, dénigrement, boycott) à l'encontre d'une autre personne afin de rendre l'exercice de son activité plus difficile ;
- La discrimination à l'embauche, c'est-à-dire dans l'accès à un emploi ;
- La discrimination au travail : refus d'un avantage, sanction disciplinaire ou licenciement d'un salarié.

Ces discriminations, commises par des personnes privées, sont punies par 3 ans d'emprisonnement et 45 000 euros d'amendes. La peine encourue est aggravée (5 ans d'emprisonnement et 75 000 euros d'amende) lorsque la discrimination se déroule dans un lieu accueillant du public ou consiste à interdire l'accès à un tel lieu.

Les discriminations peuvent être commises par une personne dépositaire de l'autorité publique ou chargée d'une mission de service public, dans l'exercice ou à l'occasion de l'exercice de ses fonctions ou de sa mission et avoir pour effet :
- le refus du bénéfice d'un droit reconnu par la loi ;
- l'entrave à l'exercice d'une activité économique qui peut se manifester par un retard manifeste et délibéré dans la façon de traiter une demande (exiger des formalités inutiles…).

La répression est alors aggravée : 5 ans d'emprisonnement et 75 000 euros d'amende (Art. 432-7 CP).

Pour venir en aide aux victimes, la loi du 31 mars 2006 a introduit une disposition autorisant le « testing » en vue de faciliter la charge de la preuve. L'article 225-3-1 du Code pénal a ainsi consacré la légalité de ce mode de preuve.

À noter : Au-delà des actes discriminatoires, le droit sanctionne également les provocations à la discrimination.
Ces informations sont extraites du Guide pratique contre les LGBTphobies édité par SOS homophobie. La version complète de ce guide est téléchargeable sur le site de l'association.

Remerciements

SOS homophobie tient tout particulièrement à remercier :

La Délégation interministérielle à la lutte contre le racisme, l'antisémitisme et la haine anti-LGBT
La Mairie de Paris, les mairies d'arrondissements et les maisons des associations
Les collectivités territoriales, municipalités, conseils généraux et conseils régionaux, pour leur soutien et leur collaboration
Le Centre lesbien, gay, bi et trans de Paris-Île-de-France, partenaire de SOS homophobie depuis sa création, ainsi que tous les autres centres LGBT de France pour leur collaboration avec les délégations territoriales de SOS homophobie

Les Funambules et Stéphane Corbin
Jack T. et Victor, organisateurs des Follivores/Crazyvores
Podium
Les Caramels fous
Garçon Magazine
Iconovox
Bliss Comics
Le cabaret La Bonbonnière de Lille
La Fondation SNCF

L'ensemble des commerces, entreprises et professionnel·le·s qui soutiennent notre action
L'ensemble des médias qui relaient nos actions
Les associations et personnes extérieures à l'association qui ont participé à ce rapport et tout particulièrement :
Coraline Delebarre, Vincent Viktoria Strobel, Mike Fedida, Alice Coffin, Véronique Elédut, Clémence Zamora Cruz, Aurélien Beaucamp, Pascale Reinteau, Manuel Picaud, Marie-Hélène Goix, Alain Beit, Zoheir Ouldeddine, Alexandre Urwicz, Francine B., Caroline Mecary, Dominique Boren, Kap Caraïbe, Total Respect et Francis Carrier

Et :
Les établissements scolaires qui ont accueilli les intervenant·e·s de SOS homophobie
L'ensemble de nos partenaires associatifs
Les organisateurs·trices de salons, conférences et événements auxquels SOS homophobie a participé

Tou·te·s les membres de SOS homophobie pour leur formidable investissement, ainsi que les donateurs·trices et sympathisant·e·s de l'association

Toutes les victimes et tous les témoins pour la confiance qu'elles et ils nous montrent en nous transmettant leurs témoignages qui permettent d'alimenter ce Rapport annuel.